No code, Low code

KNIME으로 시작하는
데이터
사이언스

No code, Low code

KNIME으로 시작하는
데이터
사이언스

개정판 발행 2025년 10월 01일

지은이 잘레시아
기획 박승연

펴낸이 류태연
펴낸곳 렛츠북
주소 서울시 영등포구 문래북로 116, 트리플렉스 1005호
등록 2015년 05월 15일 제2018-000065호
전화 070-4786-4823 | **팩스** 070-7610-2823
홈페이지 http://www.letsbook21.co.kr | **이메일** letsbook2@naver.com
블로그 https://blog.naver.com/letsbook2 | **인스타그램** @letsbook2

ISBN 979-11-6054-774-0 (13000)

잘레시아 지음

데이터 전처리에서 분석,
머신러닝, 시각화, AI까지

No code, Low code

KNIME으로 시작하는 데이터 사이언스

개정
증보판

렛츠북

1강. KNIME의 개념과 설치 방법

2강. KNIME Analytics Platform

3강. KNIME 데이터 전처리 실습

4강. 데이터 분석 실습

5강. KNIME Business Hub & Afterburner

1강

KNIME

KNIME의 개념과 설치 방법

1. KNIME이란

KNIME은 2004년 독일 콘스탄츠 대학교(Konstanz University)의 엔지니어 소프트웨어 개발팀이 개발한 데이터 분석 소프트웨어입니다. KNIME은 오픈소스 프로그램으로 개방성과 확장성이 뛰어나며, 하나의 프로그램에서 데이터 수집, 데이터 읽기, 정제, 변환, 분석, 모델링, 시각화, 출력에 이르기까지 데이터를 활용한 모든 과정을 그래픽 사용자 인터페이스(GUI) 기반으로 처리할 수 있습니다. 각 단계는 노드(Node) 단위로 구성되며, 마우스 클릭만으로도 시각적인 워크플로우를 생성할 수 있어 No Code & Low Code 환경에서 누구나 쉽고 직관적으로 데이터 분석을 수행할 수 있습니다.

	Visual Workflow를 통한 손쉬운 접근 및 작업의 유연성을 보장하는 I/F 제공
	4,000여 개의 노드 제공으로 다양한 데이터 연결, 전처리 및 분석 가능
	R, Python, Java 등 Script 언어 및 기존 사용하던 분석 스크립트 활용 가능
	Workflow에 대한 스케줄 관리가 가능하여 자동화된 분석 가능
	개방형 구조(Open Architecture)로 다양한 외부 Application과의 유연한 연동 가능

KNIME은 기업용 서버 버전인 Business Hub와 데스크톱 버전인 Analytics Platform을 제공합니다.

구분	구성	내용
Desktop	KNIME Analytics Platform	ETL/AI 등 Workflow 작업을 할 수 있는 공간
Server	KNIME Business Hub	공유, 협업 및 배포 서버 환경
Portal	KNIME Afterburner	워크플로우 실행 이력 관리, 권한 관리 등

Business Hub는 유료 라이선스로 제공되며, 성능 제한 없이 서버 자원을 활용한 고성능 작업 처리가 가능하고 반복되는 작업을 자동화할 수 있는 스케줄링 기능을 지원합니다. 또한, 생성한 작업물을 동료와 공유하고 협업할 수 있습니다.

Analytics Platform(A.P)은 누구나 무료로 다운로드하여 사용할 수 있는 데스크톱 버전으로, KNIME 공식 홈페이지에서 다운로드할 수 있습니다. 운영체제에 따라 Windows, Linux, Mac OS용 설치 파일이 제공되며, 이 책에서는 Windows 환경에서 KNIME Analytics Platform을 설치하는 방법에 대해 설명합니다.

2. KNIME Analytics Platform 설치 (Windows)

1) https://www.knime.com/downloads 페이지로 접속합니다. 개인정보 보호정책 및 이용약관에 동의 체크 후, 'Download' 버튼을 클릭합니다.

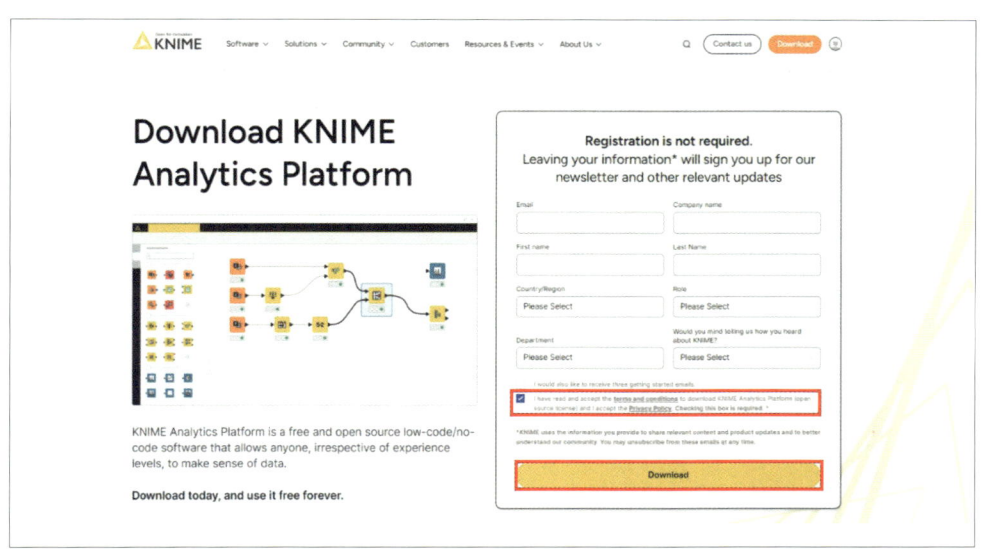

2) 'KNIME Analytics Platform for Windows (installer)'를 선택하여 설치 파일을 다운로드합니다.

※ self-extracting archive/zip archive용 설치 파일도 함께 제공됩니다.

이 책에서는 KNIME Analytics Platform 5.4.2 버전 기준으로 설치를 진행합니다. 이전 버전의 설치를 원하는 경우, 페이지 하단의 'If you are interested in a previous version of KNIME Analytics Platform, please click here.' 문구에서 밑줄 친 here을 클릭하여 이전 버전에 대한 설치 파일을 다운로드할 수 있습니다.

Download the latest KNIME Analytics Platform for Windows, Linux, and macOS 5.4.2. This version is intended for end users and provides everything needed to immediately begin using KNIME as well as extend KNIME with extension packages developed by others.

Windows

Microsoft Defender SmartScreen may block download in its attempt to prevent malicious software installations. To solve the problem click here.

KNIME Analytics Platform for Windows (installer)   Download (591 MB)

KNIME Analytics Platform for Windows (self-extracting archive)   Download (593MB)

KNIME Analytics Platform for Windows (zip archive)   Download (709 MB)

Linux

KNIME Analytics Platform for Linux   Download (718 MB)

Mac

KNIME Analytics Platform for macOS x86_64 (Intel)   Download (671 MB)

KNIME Analytics Platform for macOS arm64 (Apple silicon)   Download (684 MB)

Find out what's new in the latest KNIME 5.4 release here.

KNIME Analytics Platform 5.4 must not be used as an executor on KNIME Server 4.17.x or before. KNIME Server 4.18.x with full compatibility for 5.4 is available.

If you are interested in a previous version of KNIME Analytics Platform, please click here.

3) 다운로드 받은 설치 파일을 실행합니다.

⤓ KNIME 5.4.2 Installer (64bit)

4) 설치 모드를 선택합니다. '본인만(Install for me only)' 또는 '모든 사용자(Install for all users)' 중에서 선택할 수 있으며, KNIME에서는 '본인만을 위한 설치 모드'를 권장합니다.

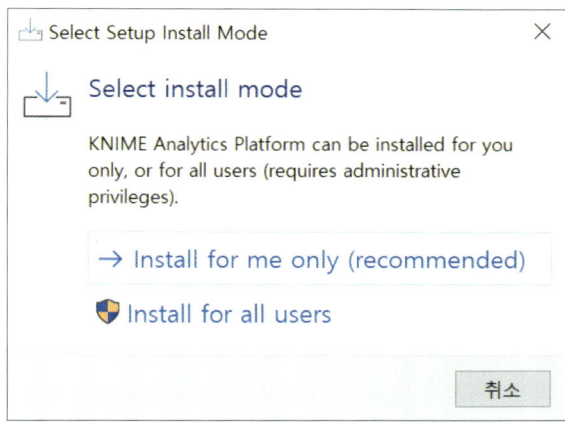

5) 라이선스 약관에 동의('I accept the agreement') 체크 후, 'Next' 버튼을 클릭합니다.

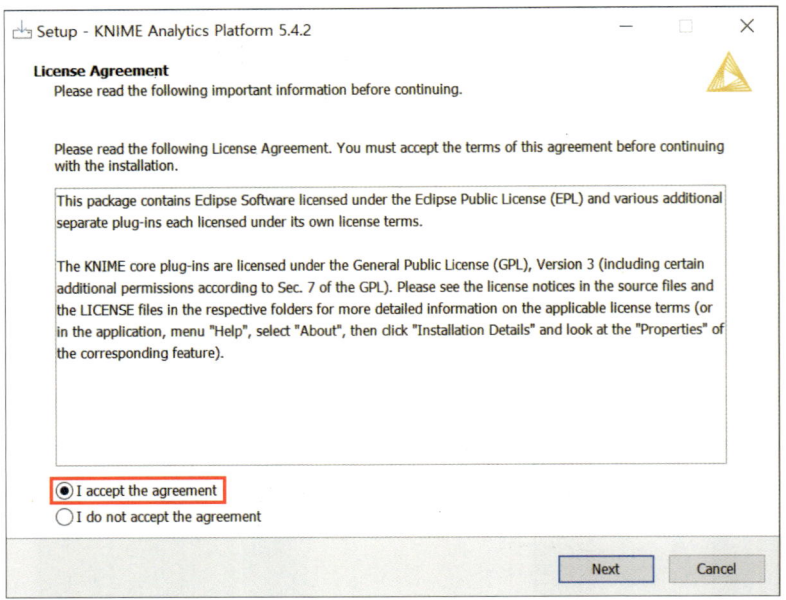

6) 설치 경로를 지정한 후, 'Next' 버튼을 클릭합니다.

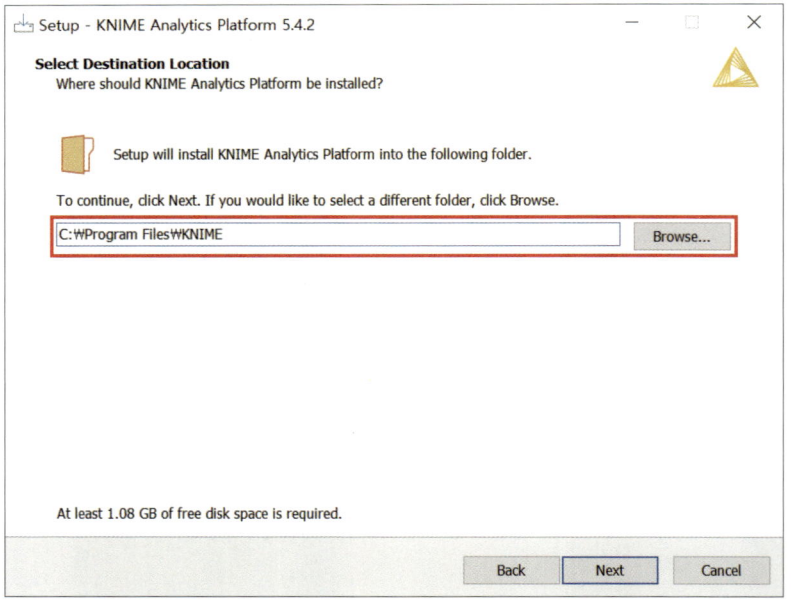

7) 시작 메뉴에 생성할 폴더를 선택한 후, 'Next' 버튼을 클릭합니다. 시작 메뉴에 폴더를 만들고 싶지 않다면, 'Don't create a Start Menu folder' 옵션을 선택하면 됩니다.

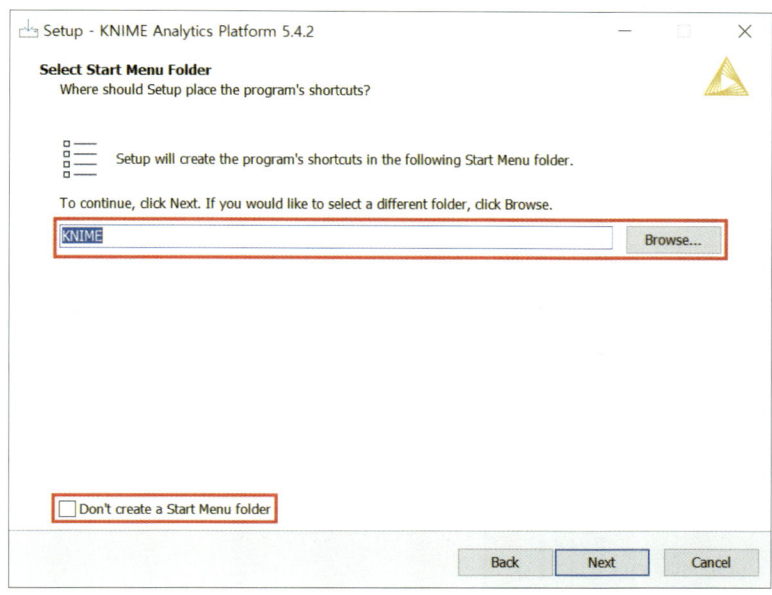

8) 아래 옵션을 선택한 후, 'Next' 버튼을 클릭합니다.

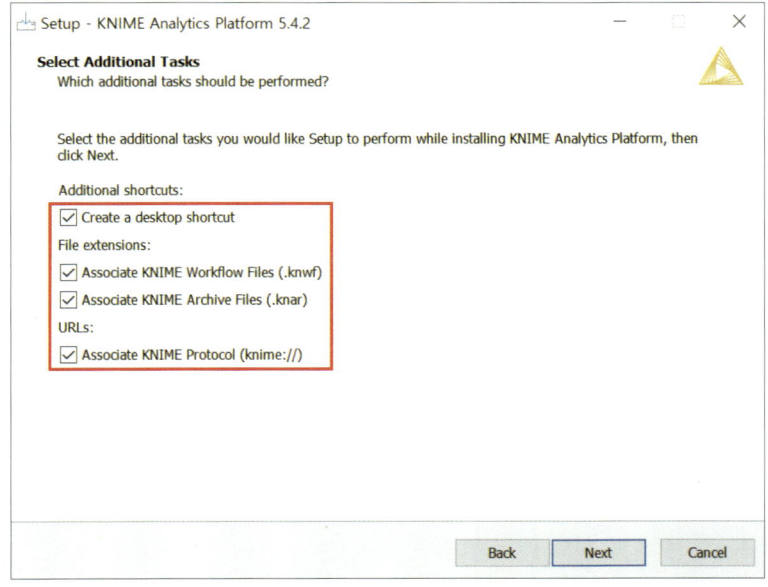

- Create a desktop shortcut: 바탕화면에 바로가기 아이콘 생성

- Associate KNIME Workflow Files(.knwf): Workflow 파일 자동으로 연결

- Associate KNIME Archive Files(.knar): Workflow group 파일 자동으로 연결

- Associate KNIME Protocol(knime://): KNIME 프로토콜 자동으로 연결

9) KNIME Analytics Platform 실행 시 사용할 수 있는 메모리 용량을 지정합니다. 이 값은 사용자의 PC 메모리 용량에 따라 다르며, 일반적으로 사용 가능한 메모리의 절반 수준으로 설정할 것을 권장합니다.

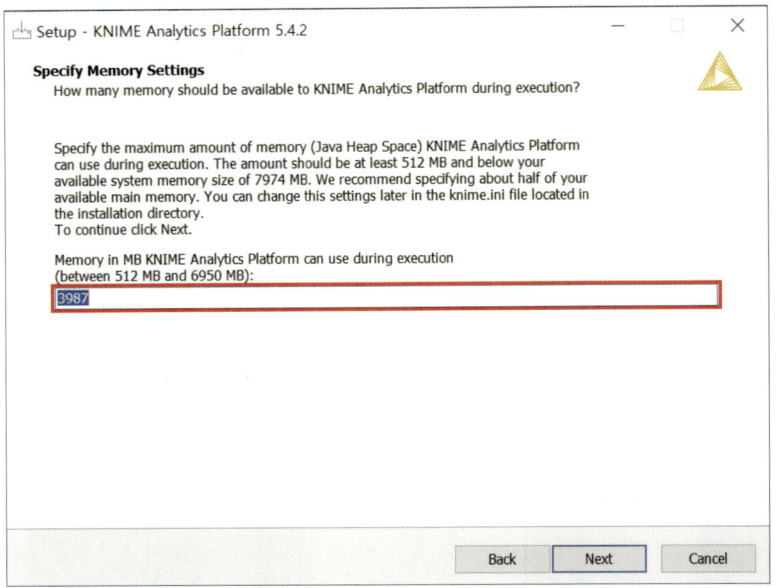

10) 모든 사용자가 설치 디렉토리에 쓰기(Write) 권한을 가지도록 설정하려면 이 옵션을 체크 후 'Next' 버튼을 클릭합니다. 단, 이 경우 보안 위험이 발생할 수 있으므로 주의가 필요합니다.

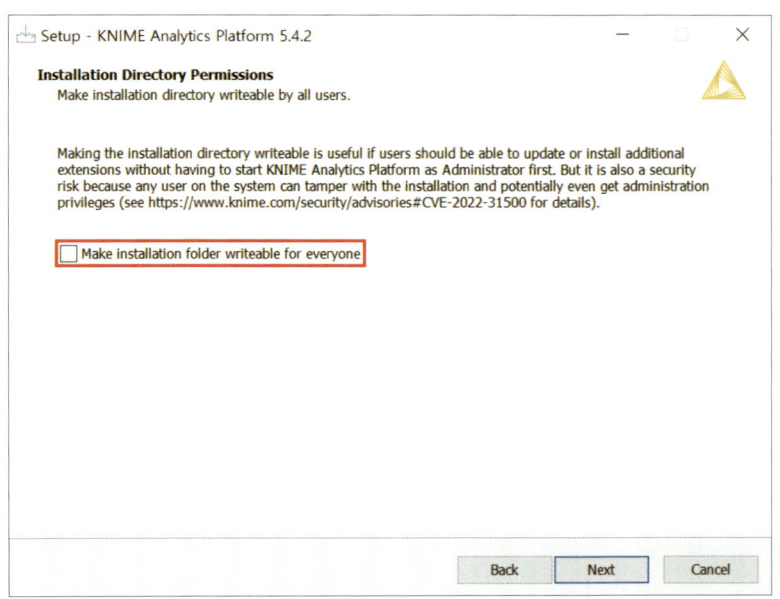

11) KNIME에서 긴 경로를 지원할 수 있도록 체크합니다. 이 옵션을 체크하지 않는 경우 KNIME 확장 기능(*Python 기반 확장 기능) 설치 시 문제가 발생할 수 있습니다.

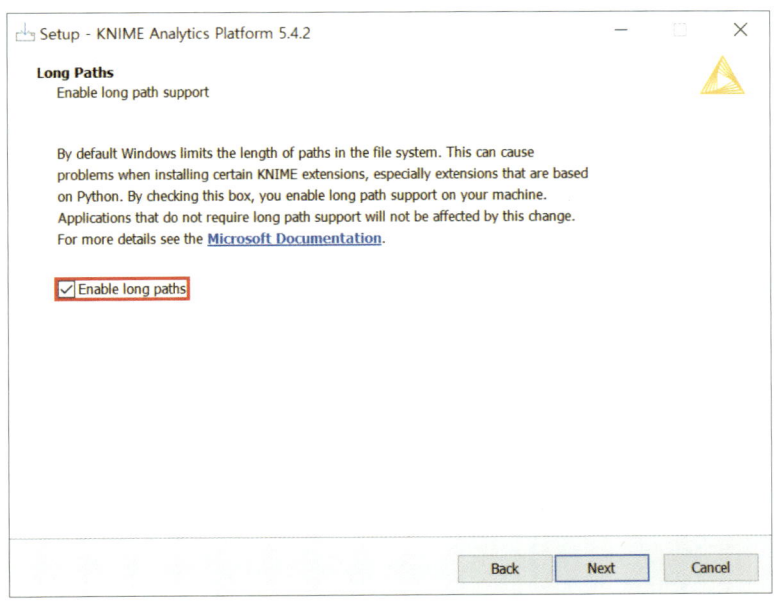

12) Windows Defender가 KNIME의 실행 속도를 저하시킬 수 있다는 안내가 표시됩니다.
성능 향상을 위해 예외 설정을 권장하며, 'Next' 버튼을 클릭합니다.

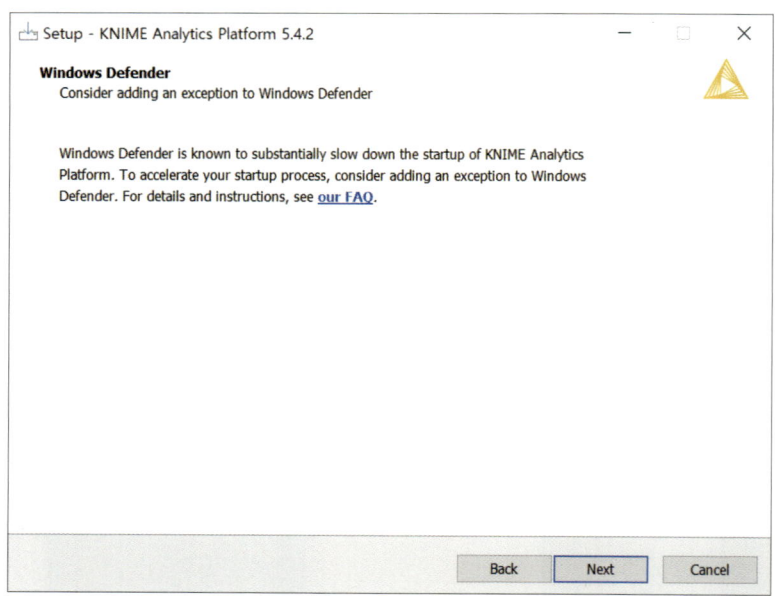

13) 앞에서 설정한 내용을 확인하고 'Install' 버튼을 클릭하여 설치를 시작합니다.

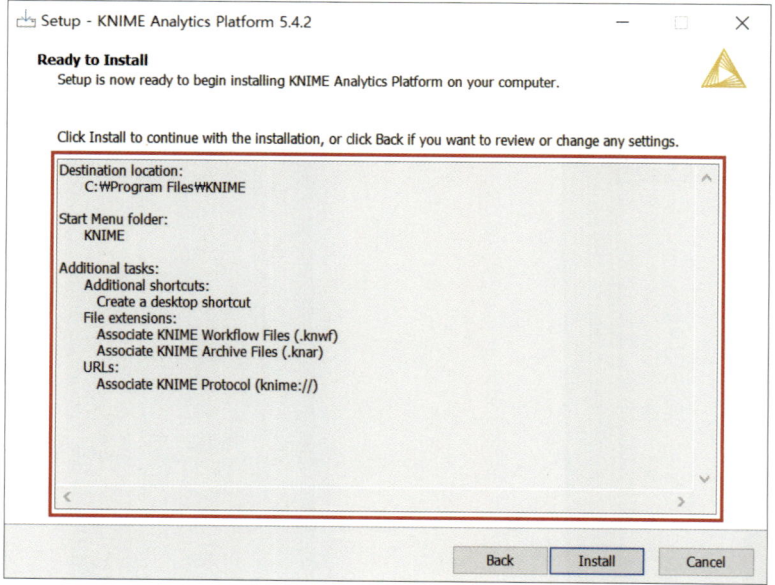

14) 설치가 완료되면, 'Launch KNIME Analytics Platform' 항목을 체크하고 'Finish' 버튼을 클릭합니다. KNIME Analytics Platform이 실행됩니다.

15) KNIME Analytics Platform의 시작 화면이 나타납니다.

2.1 초기 실행 및 환경 설정

1) 사용자 로그 데이터 제공 여부를 선택합니다. 해당 정보는 익명으로 수집되며 플랫폼의 사용성을 향상시키는 목적으로만 사용됩니다.

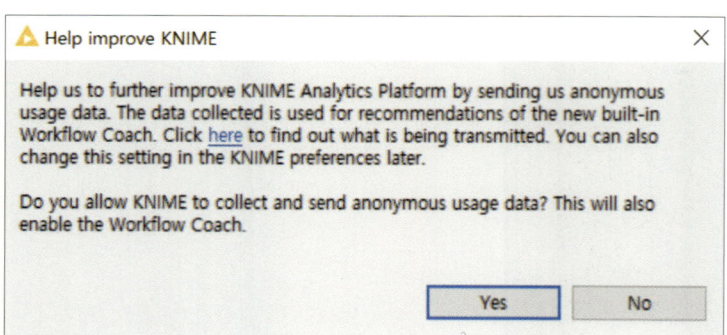

2) KNIME을 Windows Defender의 예외로 추가할지 선택합니다. Windows Defender에 예외로 설정하면 시작 속도를 높일 수 있습니다.

※ 'Do not ask again' 옵션을 선택하면, 해당 옵션이 기본값으로 저장됩니다.

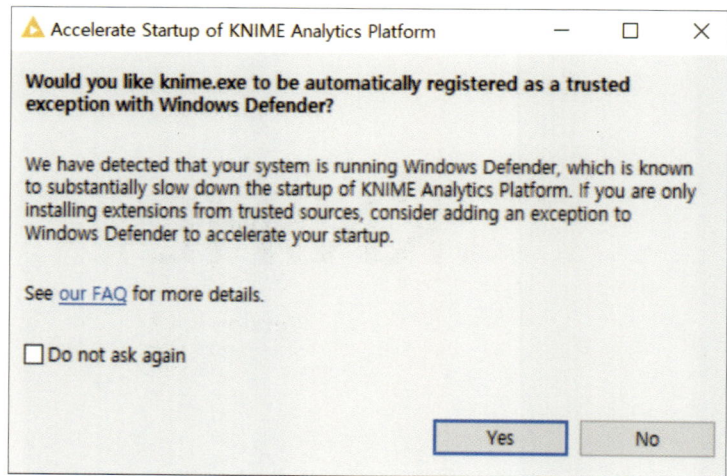

3) KNIME의 작업 공간(Workspace) 경로를 지정한 후, Launch 버튼을 클릭합니다.

※ 'Use this as the default and do not ask again' 옵션을 체크하면, 지정한 경로가 기본값으로 설정되어 KNIME Analytics
Platform 실행 시 자동으로 적용됩니다.

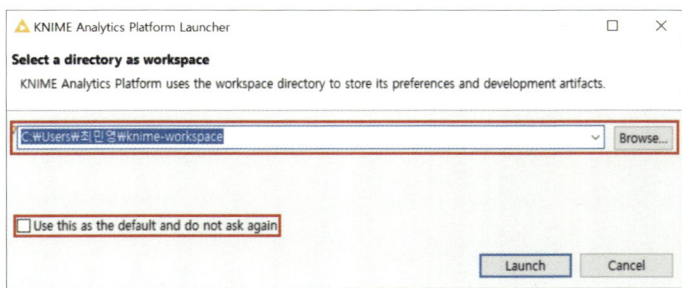

4) 작업 공간이 설정되면 KNIME Analytics Platform의 시작 화면이 나타납니다.

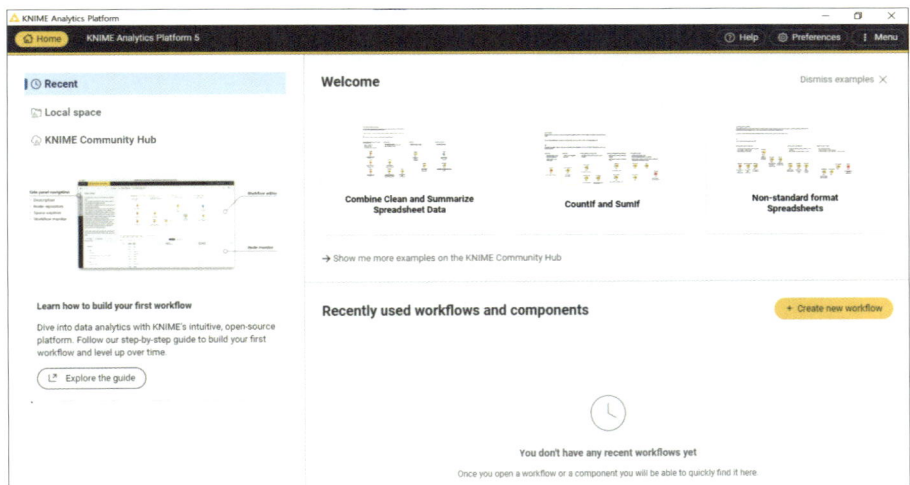

3. KNIME 확장 기능 설치

KNIME Analytics Platform은 기본적으로 다양한 노드를 제공하지만, 기본으로 제공하는 노드 외에도 빅데이터 커넥터(Connector) 및 처리, 고급 알고리즘 적용 등의 작업을 위한 추가 확장 기능(Extension)을 추가로 설치할 수 있습니다.

1) 상단 메뉴에서 'Menu' 선택 후, 'Install extensions' 를 클릭합니다.

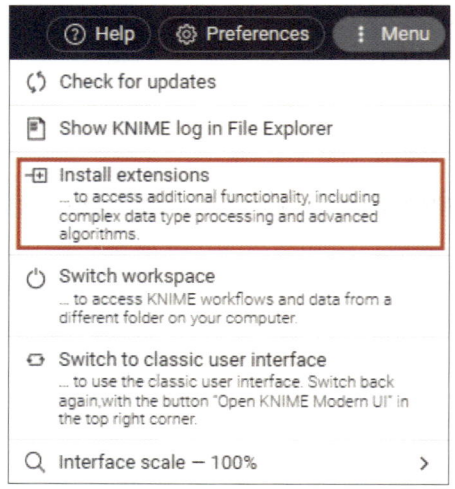

2) 설치할 확장 기능의 카테고리를 선택한 후, 'Next' 버튼을 클릭합니다. 상단의 검색창에서 원하는 기능을 입력하여 직접 Extension을 검색할 수도 있습니다.

※ 기본값으로 최신 버전 및 상위 카테고리가 표시됩니다. 각 카테고리 하위 기능은 개별적으로 선택 가능합니다.

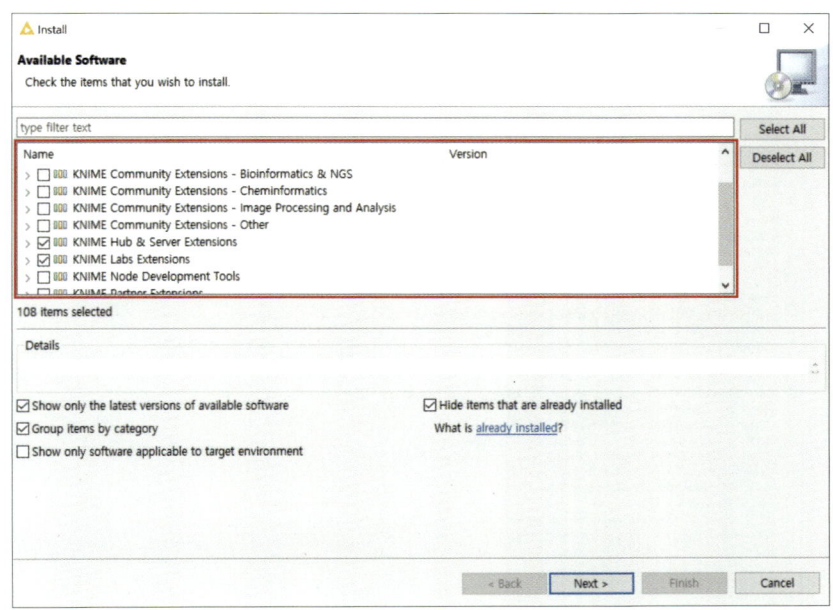

3) 선택한 카테고리 하위의 세부 설치 목록과 설치 용량을 확인합니다. 이대로 설치를 진행하려면 'Next' 버튼을 클릭합니다.

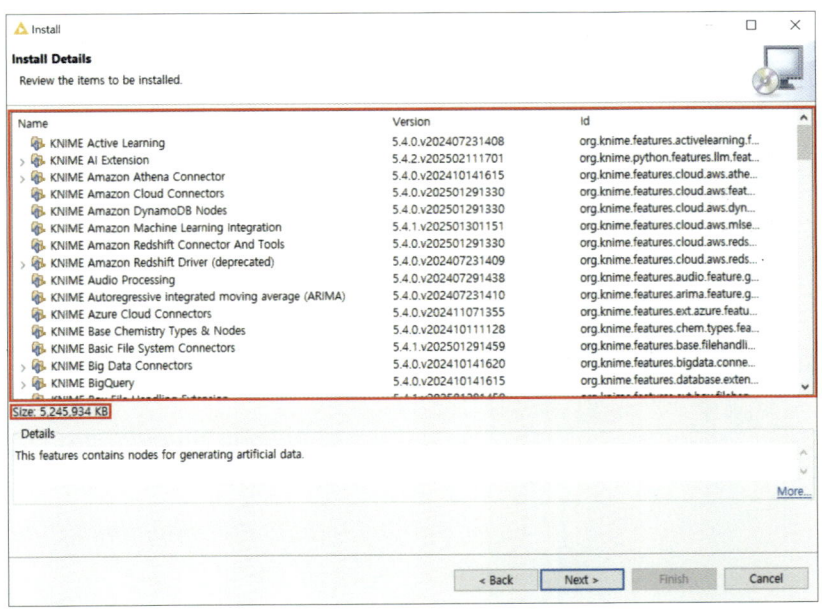

4) 라이선스 동의 선택 후, 'Finish' 버튼을 클릭합니다.

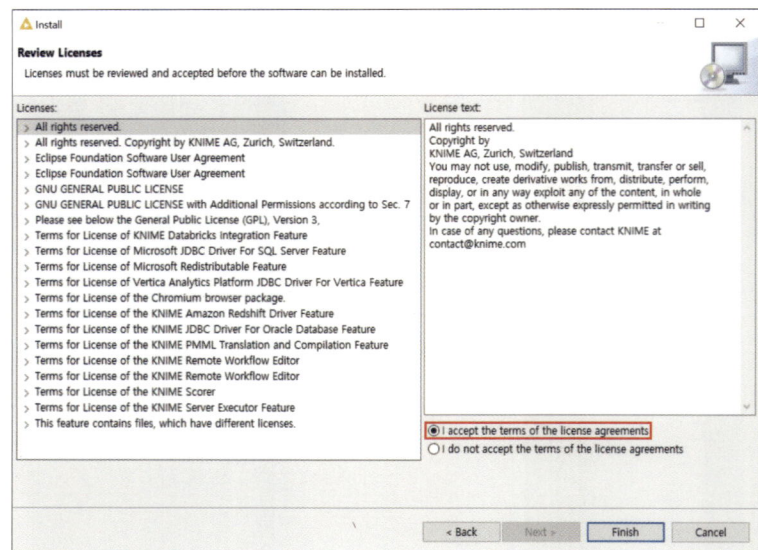

5) 좌측 하단 상태 표시줄에서 설치 진행 상황을 확인할 수 있습니다.

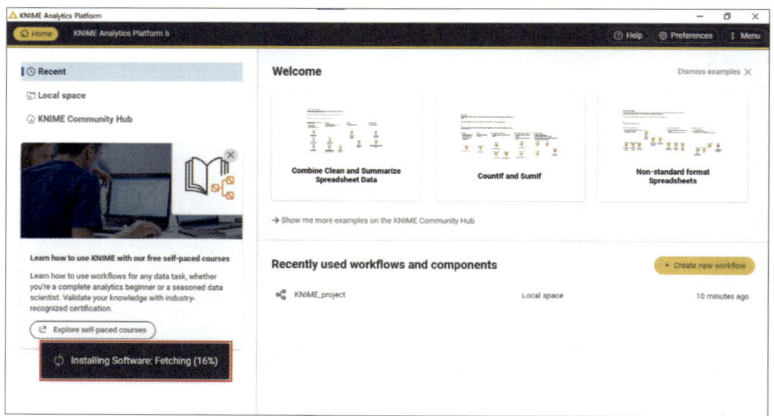

6) 설치가 완료되면 변경사항을 적용하기 위해 'Restart Now' 버튼을 클릭하여 KNIME Analytics Platform을 재시작합니다.

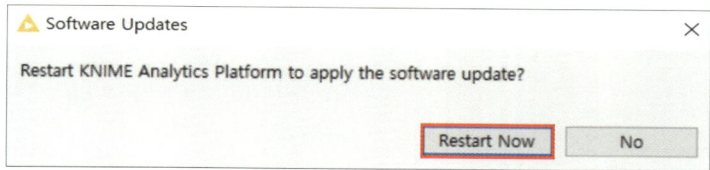

4. KNIME 확장 기능 설치 (오프라인)

인터넷 접속이 제한되는 환경에서도 Extension 파일을 설치하여 확장 기능을 사용할 수 있습니다.

1) 다음의 URL에서 KNIME Extension 관련 Zip 파일 3개를 다운로드합니다.
   ① KNIME Analytics Platform Update Site/File Size(14GB) : https://update.knime.org/analytics-platform/UpdateSite_latest54.zip
   ② KNIME Community Extensions(Trusted)/File Size(2.5GB) : https://update.knime.com/community-contributions/trusted/5.4/TrustedExtensions-5.4-latest.zip
   ③ KNIME Partner Update Site 5.4/File Size(209MB) : http://update.knime.com/partner/5.4/com.knime.update.partner_5.4.0.zip

2) 다운로드 받은 파일은 압축을 풀지 않고 그대로 유지한 상태에서 KNIME Analytics Platform을 실행합니다.

3) KNIME Analytics Platform 실행 후 'Preferences → Install/Update → Available Software Sites'를 선택하고, 기존에 선택되어 있던 옵션의 체크를 해제합니다.
   ① 'Preferences → Install/Update → Available Software Sites'를 선택합니다.
   ② 기존에 설정된 KNIME Extension 경로를 모두 해제합니다.

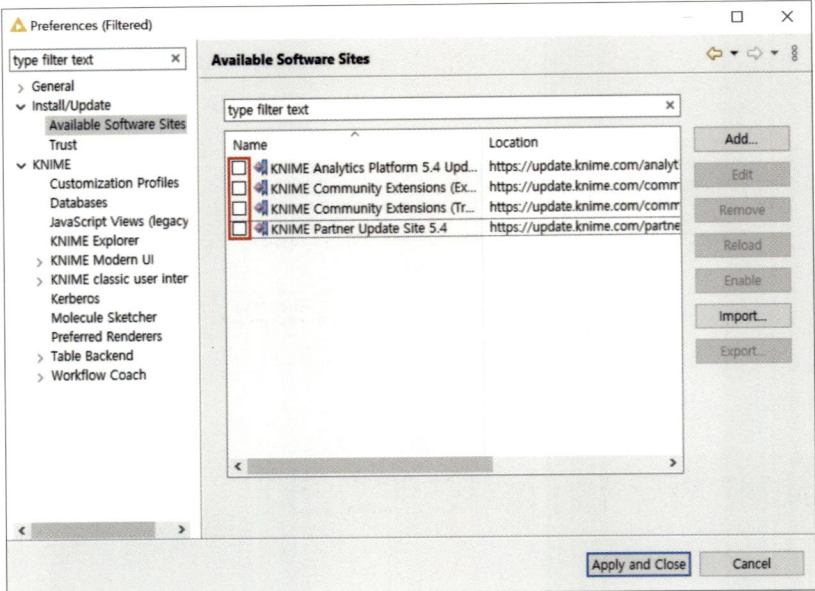

4) KNIME Extension Zip 파일 경로를 추가합니다.

① 'Add…' 버튼을 클릭하여 이름(Name)과 경로를 설정합니다. 'Archive' 버튼을 클릭해 앞서 다운로드 받은 3개의 Zip 파일을 하나씩 지정합니다.

※ 경로는 로컬 디렉토리 외에도 공유 폴더나 네트워크 드라이브를 사용할 수 있습니다.

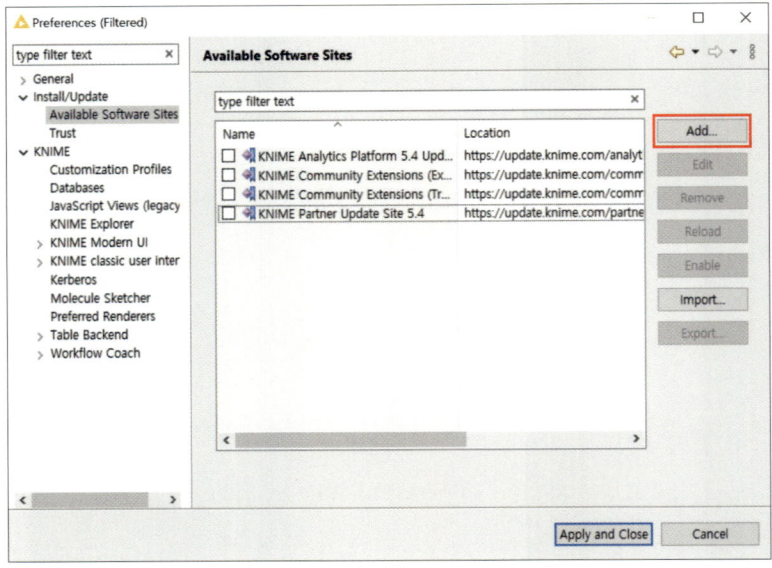

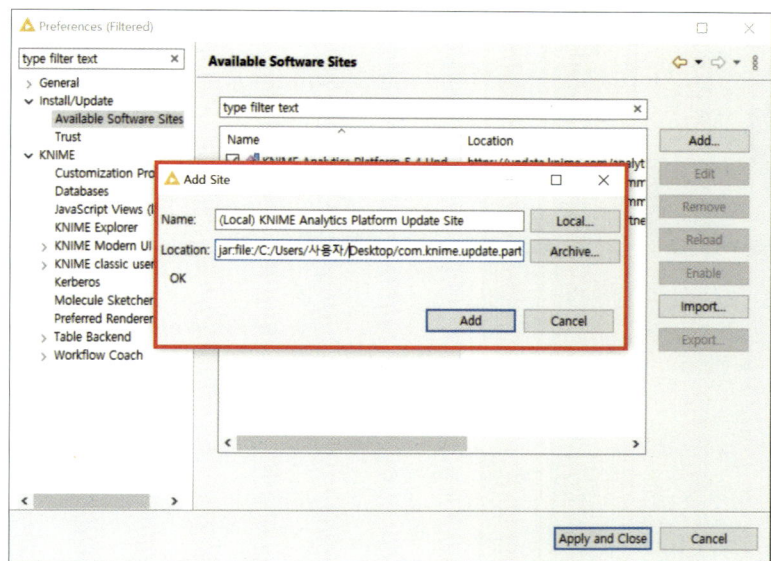

② 3개의 Zip 파일 경로를 지정한 후 'Apply and Close' 버튼을 클릭합니다.

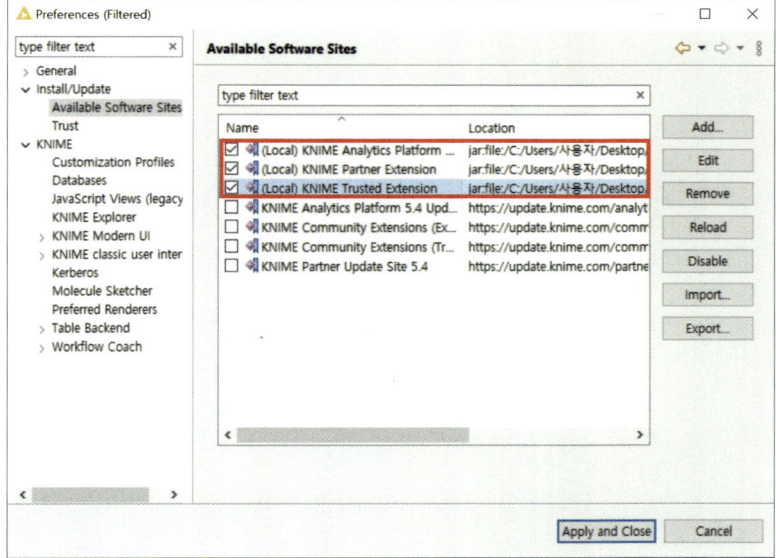

5) Extension을 설치합니다.

① 'Menu → Install extensions'을 클릭하면 설치할 수 있는 Extension이 나타납니다.

② 설치하고자 하는 Extension을 선택 후, 'Next' 버튼을 클릭합니다. (복수 선택 가능)

2강

KNIME

KNIME
Analytics
Platform

1. KNIME Analytics Platform 홈 화면 구성

KNIME Analytics Platform을 실행하면 Home 화면이 나타납니다. Home 화면은 크게 4가지 영역으로 구성되어 있습니다.

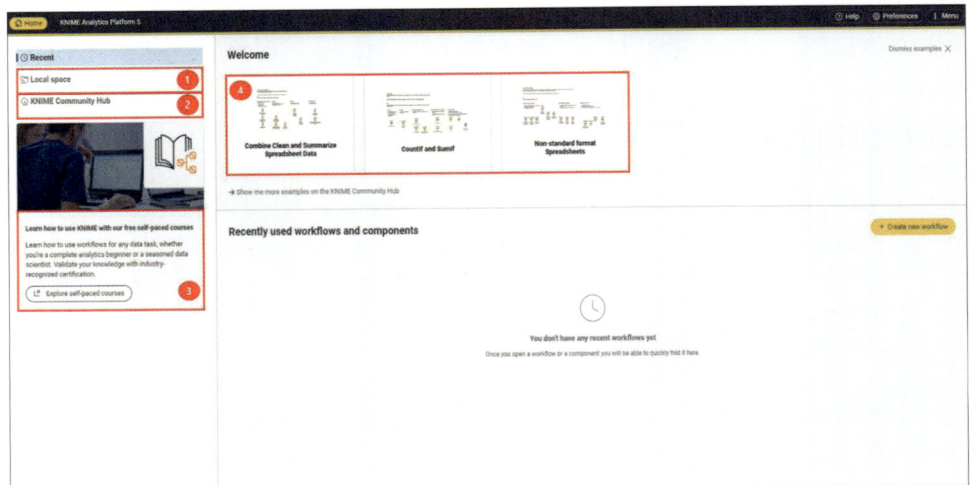

Local space

Local 환경에 저장된 기존 Workflow를 확인하거나 새롭게 생성할 수 있는 공간입니다.

KNIME Community Hub

클릭하면 KNIME Community Hub(hub.knime.com) 온라인 페이지로 연결되어, KNIME 사용자들이 공유한 Workflow, Component, Extension등을 확인하고 다운로드하여 사용할 수 있습니다.

Explore self-paced courses

KNIME에서 제공하는 무료 자기 주도 학습 코스를 통해 다양한 데이터 작업 방법을 익힐 수 있습니다. 데이터 분석 초보자부터 숙련된 데이터 사이언티스트까지 모두를 위한 과정이 준비되어 있으며, KNIME에서 제공하는 인증을 통해 공식적으로 실력을 검증할 수 있습니다.

Examples

KNIME에서 제공하는 노드 및 Workflow 활용 예시를 확인할 수 있습니다. 'Show me more examples on the KNIME Community Hub'를 클릭하면 KNIME 온라인 페이지로 이동하며, 더 다양한 예시들을 확인하고 다운로드하여 직접 활용할 수 있습니다.

1.1 Workflow 생성하기

1) 새 Workflow를 'Local space'에 생성하려면 노란색 버튼 'Create new workflow'를 클릭합니다.

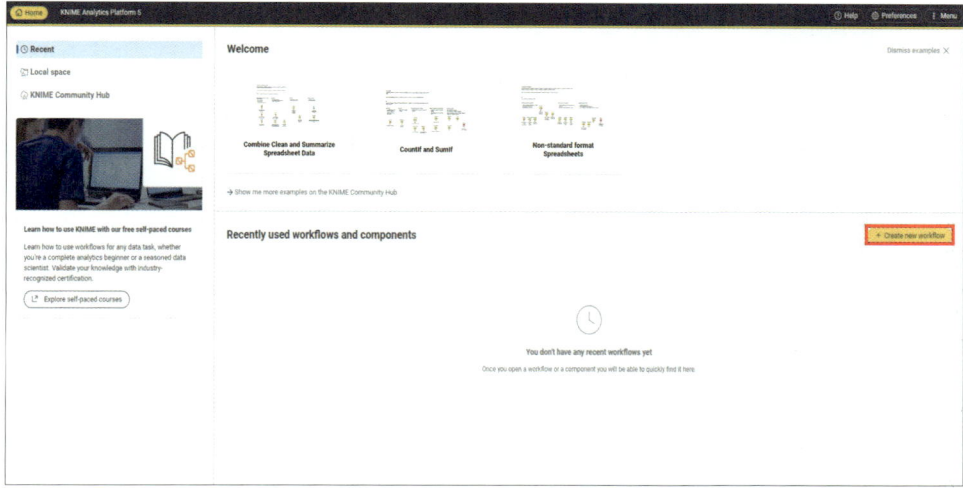

2) Workflow를 생성하기 위한 팝업창이 나타납니다. Workflow명을 입력하고 'Create' 버튼을 클릭합니다.

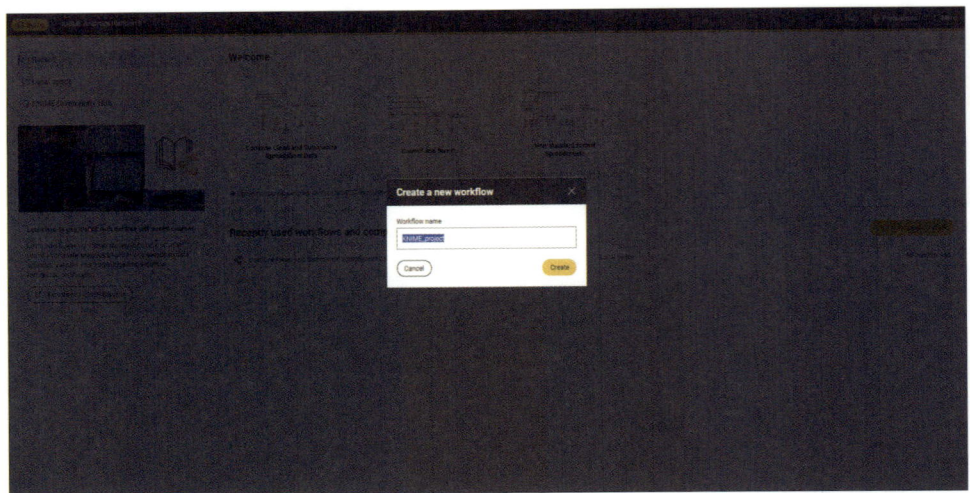

3) 빈 Workflow 편집기와 함께 다양한 메뉴들이 화면에 나타납니다. 이제 본격적으로 KNIME에서 데이터 작업을 시작할 수 있습니다.

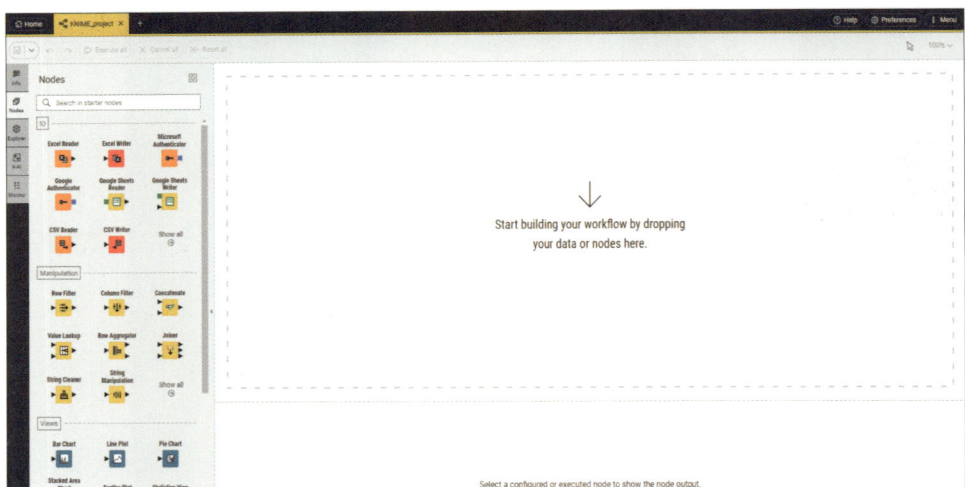

1.2 기존 Workflow 확인하기 (Local Space)

1) 좌측 상단 세개의 Home 화면 탭 중 'Local space' 탭을 누릅니다.

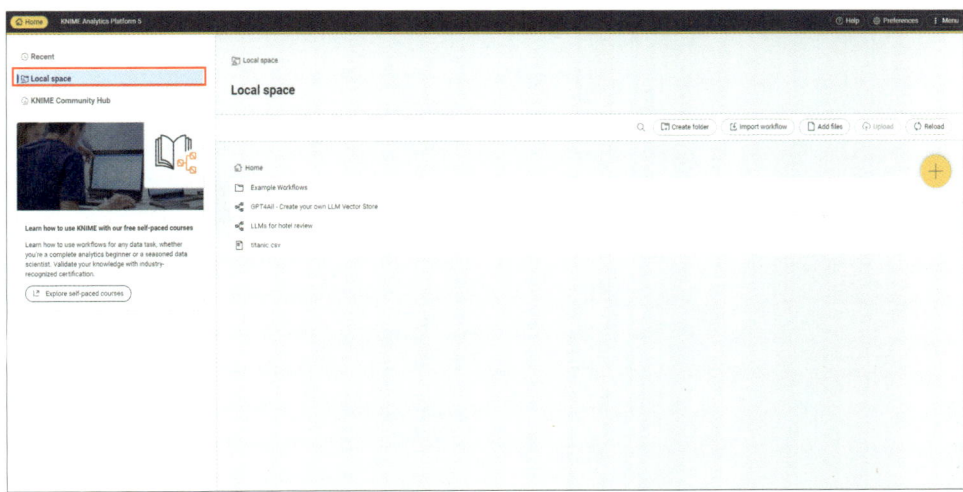

2) 탭을 누르면 지금까지 작업했던 기존 Workflow 목록이 표시됩니다. 이전에 생성한 Workflow를 열거나, 복사 및 삭제 등의 관리 작업을 수행할 수 있습니다.

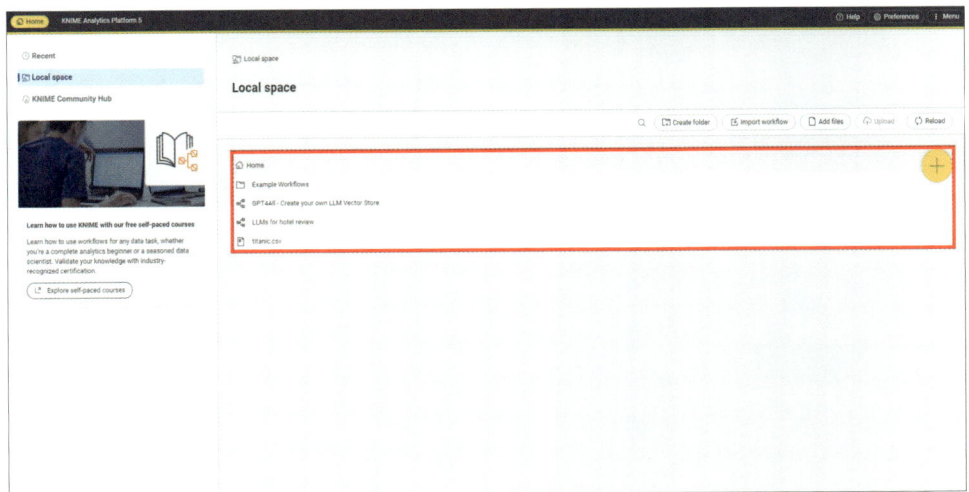

2. KNIME Analytics Platform 화면 구성

KNIME Analytics Platform에서 새 워크플로우를 생성하면 아래와 같은 화면이 나타나며, KNIME Analytics Platform은 총 5개의 사이드바 메뉴, 1개의 툴바, 워크플로우 에디터 영역, 데이터 테이블 영역으로 구성되어 있습니다.

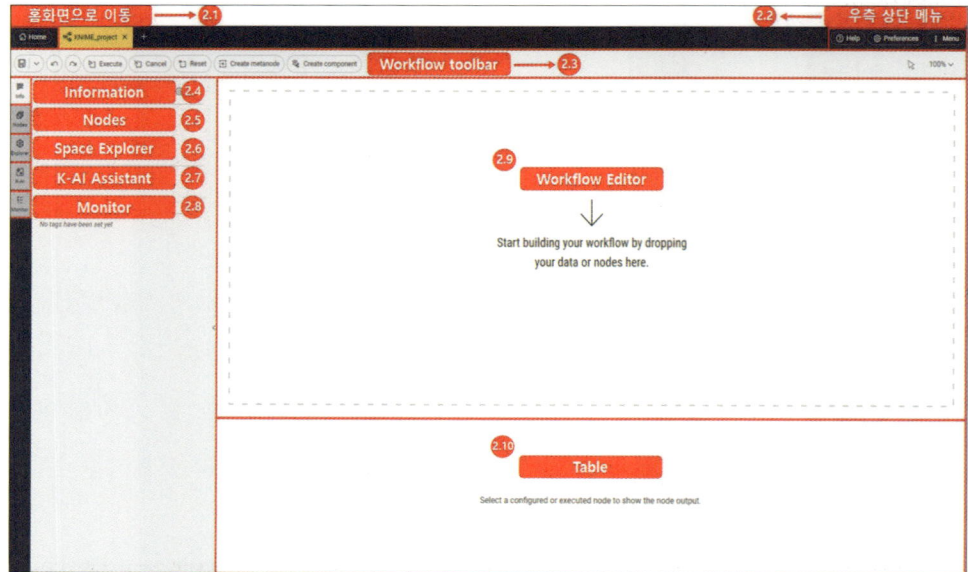

2.1 홈 화면으로 이동

현재 작업 중인 워크플로우에서 벗어나, KNIME의 초기 홈 화면(워크스페이스 뷰)으로 이동하는 기능입니다.

2.2 우측 상단 메뉴

도움말(Help), 환경 설정(Preferences), 사용자 정보 설정 등 다양한 메뉴에 접근할 수 있는 영역입니다.

2.3 Workflow toolbar

워크플로우 실행(Execute), 실행 취소(Cancel), 초기화(Reset), 메타노드 및 컴포넌트 생성 (Create metanode/component) 등 주요 작업을 빠르게 실행할 수 있는 도구 모음입니다.

2.4 Information

선택한 노드 또는 워크플로우에 대한 설명, 설정 정보 등을 확인하는 영역입니다.

2.5 Nodes

KNIME에서 제공하는 다양한 분석 및 처리 기능의 노드를 검색하고 워크플로우에 직접 추가할 수 있는 메뉴입니다.

2.6 Space Explorer

로컬 또는 KNIME Hub의 프로젝트와 워크플로우를 탐색하고 열 수 있는 공간입니다.

2.7 K-AI Assistant

KNIME에서 제공하는 인공지능 도우미로, 워크플로우 생성, 노드 설명, 알고리즘 추천 등 다양한 기능을 대화형으로 지원합니다.

2.8 Monitor

워크플로우 실행 중 발생하는 이벤트, 진행 상태, 오류 메시지 등을 실시간으로 확인할 수 있는 영역입니다.

2.9 Workflow Editor

노드와 데이터를 시각적으로 배치하여 전체 분석 흐름을 구성하는 중심 작업 공간입니다. 노드를 드래그 앤 드롭하고 선으로 연결하여 데이터 파이프라인을 설계할 수 있습니다.

2.10 Table

선택한 노드의 실행 결과 데이터를 표 형태로 보여주는 영역입니다. 데이터의 전처리 결과나 분석 결과를 직접 확인하고 검토할 수 있습니다.

2.1 홈 화면으로 이동

KNIME을 실행하면 보이는 기본 화면으로, 이곳에서는 최근 사용한 워크플로우를 확인하거나, 새 워크플로우를 만들 수 있습니다. 또한, 예제 워크플로우 탐색이나 커뮤니티 접속 등 다양한 시작 옵션에 쉽게 접근할 수 있습니다.

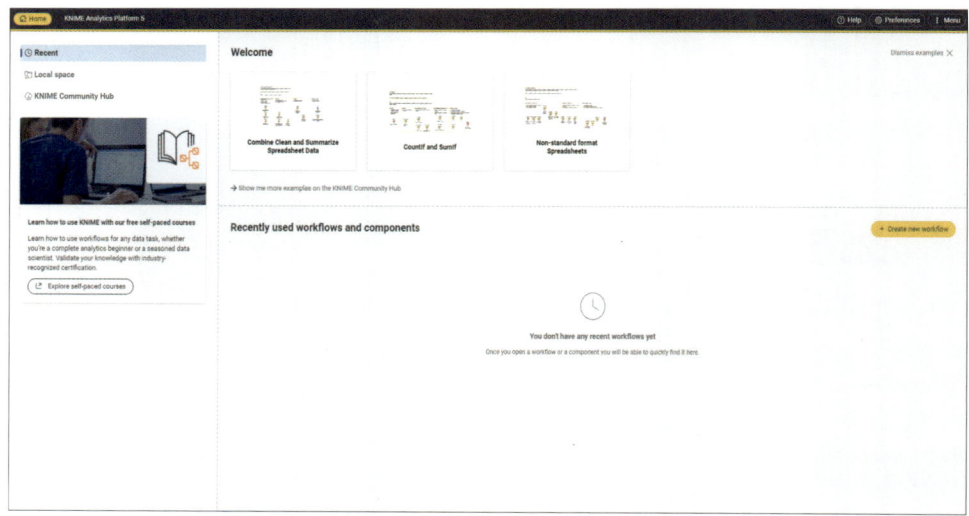

2.2 우측 상단 메뉴 (Menu/Help)

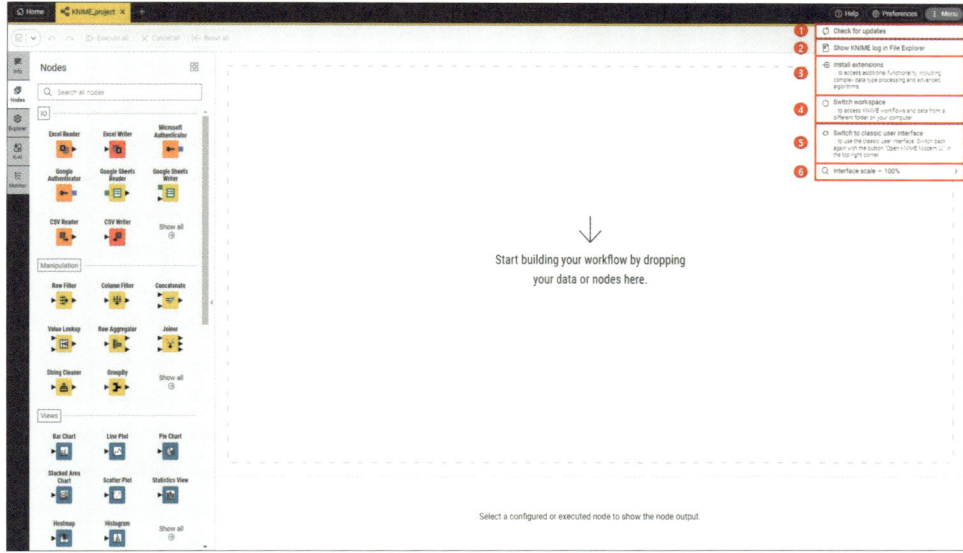

Menu

① Check for updates: 업데이트 확인

② Show KNIME log in File Explorer: KNIME 실행 로그 확인

③ Install extensions: 확장 기능(extension) 설치

④ Switch workspace: workspace 변경

⑤ Switch to classic user interface: classic UI로 변경

⑥ Interface scale: Workflow 확대

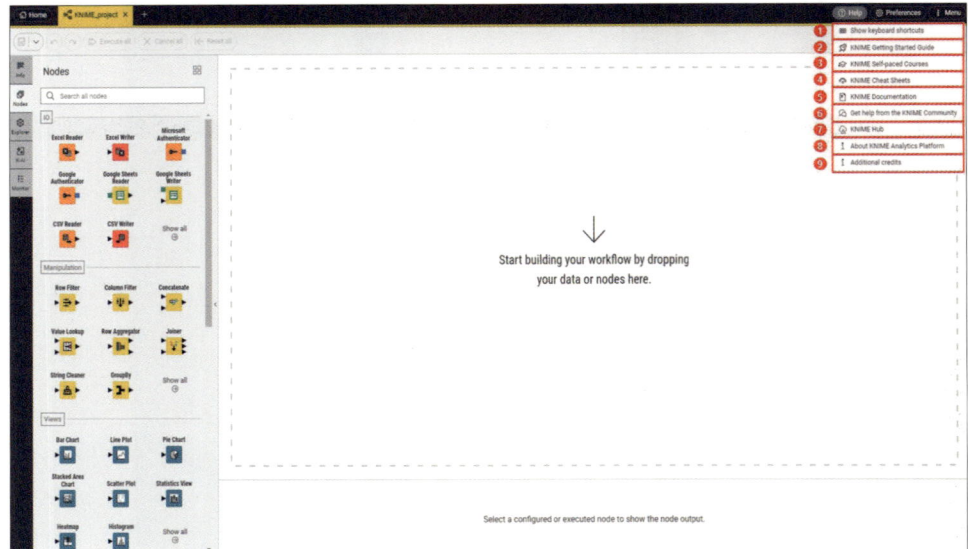

Help

① Show keyboard shortcuts: KNIME 단축키 정보

② KNIME Getting Started Guide: KNIME 시작 가이드

③ KNIME Self-paced Courses: KNIME 자기 주도 학습 코스

④ KNIME Cheat Sheets: KNIME 치트 시트

⑤ KNIME Documentation: KNIME 문서

⑥ Get help from KNIME Community: KNIME Community 바로가기

⑦ KNIME Hub: KNIME Community Hub 바로가기

⑧ About KNIME Analytics Platform: KNIME Analytics Platform 개요

⑨ Additional credits: 저작권 표시

2.3 Workflow Toolbar

아이콘	설명	아이콘	설명
저장하기	저장하기	Reset	노드를 준비 상태로 되돌리기
실행 취소	실행 취소	Create metanode	메타노드 생성(노드 생성 시에만 나타남)
다시 실행	다시 실행	Create component	컴포넌트 생성(노드 생성 시에만 나타남)
Execute	노드 실행	마우스	마우스 동작 모드 변경 (선택/어노테이션 생성/이동)
Cancel	노드 실행 중지	100%	Workflow Editor 화면 비율 조정

2.4 Information

Information은 화면 좌측에 위치해 있는 도움말 창입니다. 현재 선택된 노드에 대한 설명을 제공합니다. 노드에 대한 일반적인 설명뿐만 아니라, 설정 가능한 옵션, 입력 및 출력 포트에 대한 설명을 보여줍니다. 일부 노드는 실행 후 출력 데이터를 생성하는데, Information 창에서는 이러한 노드가 어떤 데이터를 출력하는지 설명해줍니다.

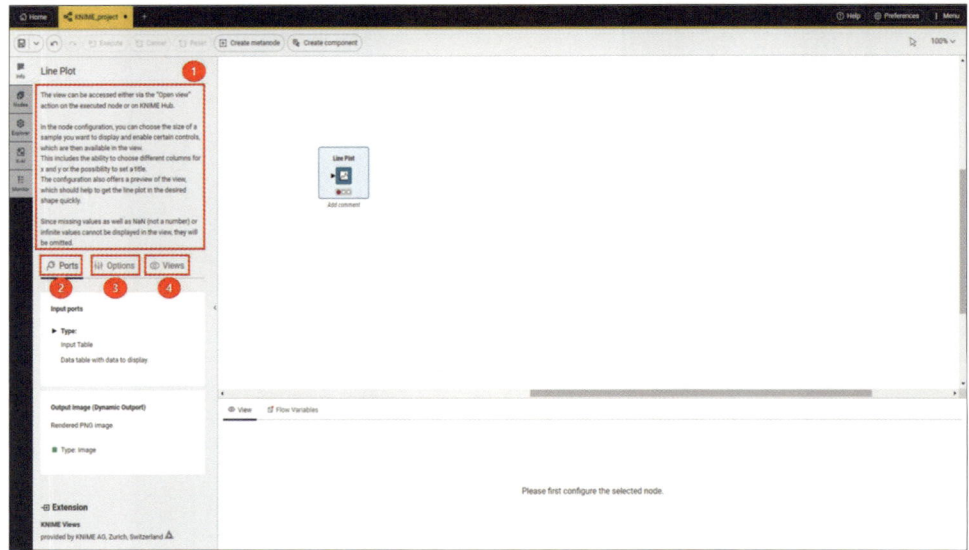

① Info: 선택한 노드에 대한 기본 설명

② Ports: 포트의 입력 및 출력 설명

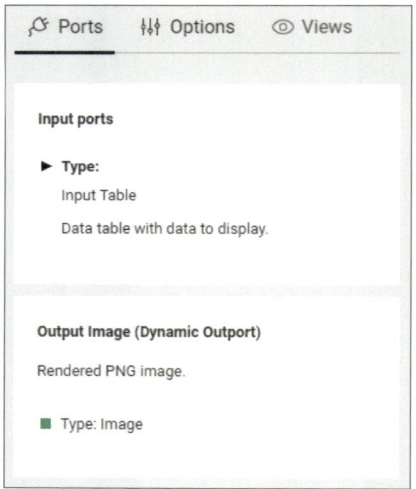

③ Options: 노드 설정창에서 조정 가능한 주요 옵션 항목

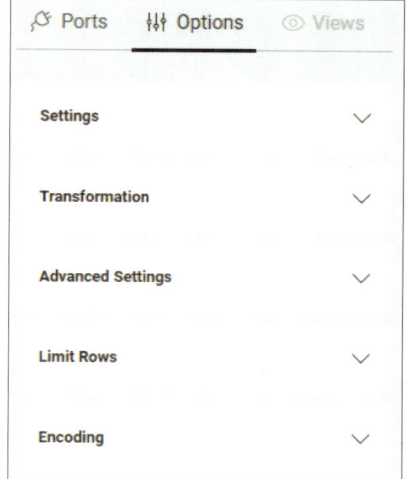

④ Views: 출력물 설명

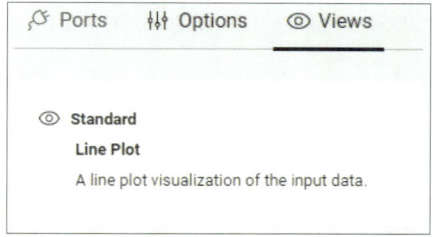

2.5 Nodes

Nodes는 KNIME에서 데이터 처리 과정을 구성하는 핵심 단위입니다. 화면의 좌측 영역에서 노드를 탐색하거나 검색할 수 있으며, 다양한 보기 및 필터 옵션을 제공합니다.

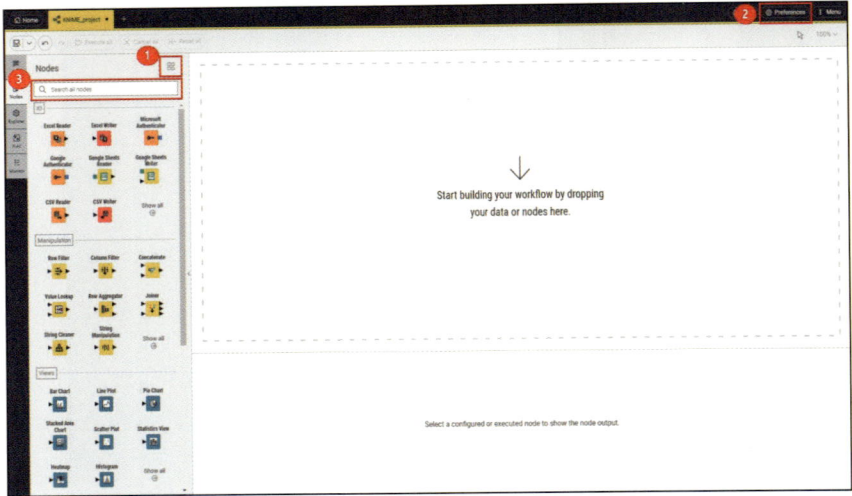

① 노드 보기 방식 변경

Grid, List, Tree 형태로 노드 목록을 표시할 수 있습니다.

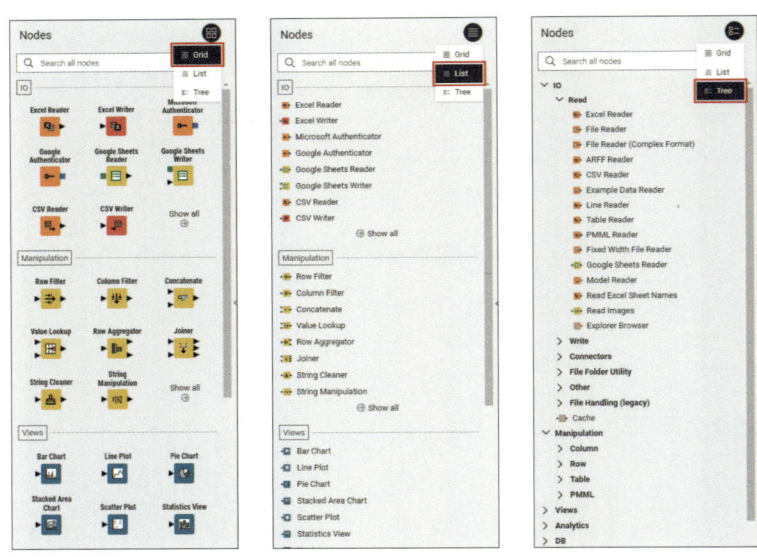

② 노드 검색 옵션 (모든 노드/스타터 노드)

우측 상단의 Preferences 메뉴에서 노드 검색 옵션을 선택할 수 있습니다.

- All nodes: KNIME에서 사용할 수 있는 모든 노드를 포함하는 전체 목록

- Starter nodes: KNIME을 처음 시작하는 사용자가 자주 사용하는 필수 노드들을 모아둔 목록

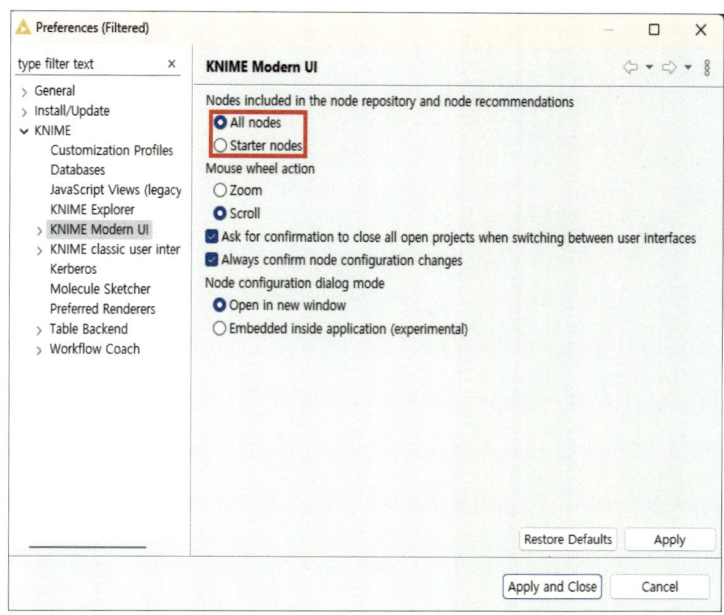

③ 검색창

검색창에 키워드를 입력하면 현재 설치되어 있는 사용 가능한 노드를 검색할 수 있습니다. 또한, 노드 검색 옵션을 통해 검색 결과를 필터링하거나, 마우스 동작 모드(선택/이동/어노테이션 생성 등)를 변경할 수 있습니다.

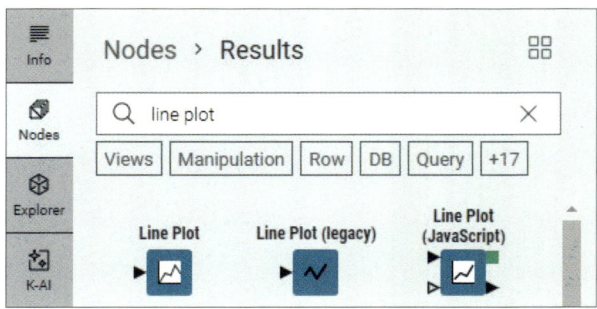

2.6 Space Explorer

Space Explorer은 KNIME에서 생성한 다양한 Workflow와 예제를 탐색할 수 있는 공간입니다. Local, Business Hub, My-KNIME-Hub 등 다양한 공간(Space)에 접근할 수 있습니다. Local space에서는 사용자가 생성 또는 지정한 Workflow 및 Workflow Group 을 확인할수 있으며, KNIME에서 제공하는 예제 Workflow도 함께 제공됩니다.

My-KNIME-Hub에 연결하면 KNIME Community Hub에 공유된 다양한 Node, Workflow 및 Component를 다운로드할 수 있습니다. KNIME 라이선스(유료)가 있는 경우에는 KNIME 서버 저장소를 추가로 연결하여 중앙 집중형 분석환경을 구성할 수도 있습니다.

KNIME Business Hub 라이선스(유료)를 사용하는 경우
KNIME에서 제공하는 Portal을 사용하여 사용자들의 로그(Log)와 스케줄(Schedule)을 통합 관리할 수 있습니다. 또한 사용자 간의 Workflow 및 Component를 공유할 수 있으며, 실시간 배치(Scheduling), 빅데이터 처리, Job 생성 및 관리 등의 다양한 확장 기능을 활용할 수 있습니다.

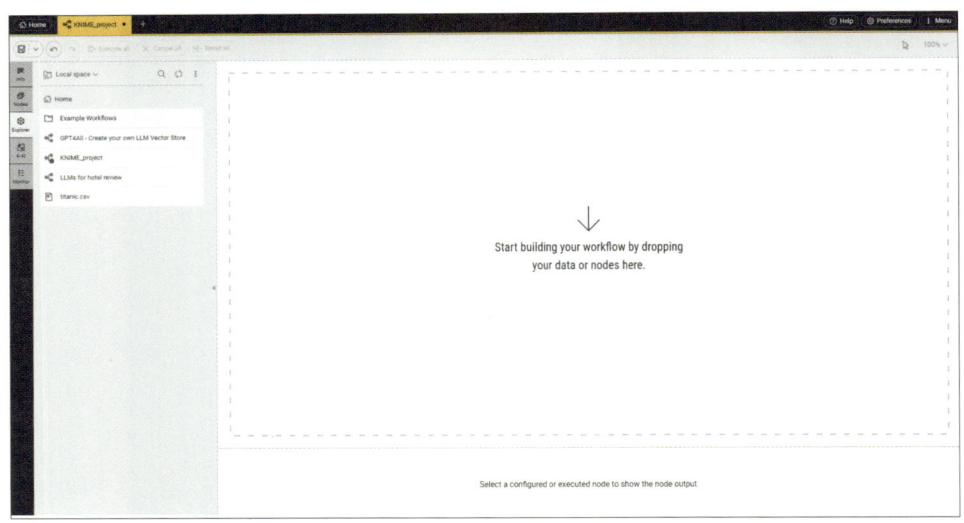

2.7 AI Assistant

KNIME AI Assistant(K-AI)는 ChatGPT 기반의 채팅 형식으로, 사용자가 입력한 질문에 따라 다양한 기능과 정보를 제공합니다. 다양한 노드와 알고리즘에 대한 설명을 제공하고, 원하는 노드와 워크플로우를 찾아 빠르게 생성 및 개발할 수 있도록 지원합니다.

2.8 Monitor

Monitor는 워크플로우의 실행 상태, 경고 메시지, 오류 로그 등을 실시간으로 확인할 수 있는 기능입니다. 노드별 실행 진행 상황을 한눈에 파악할 수 있어 복잡한 워크플로우의 흐름을 효율적으로 추적하고 문제 발생 지점을 빠르게 찾아낼 수 있도록 도와줍니다.

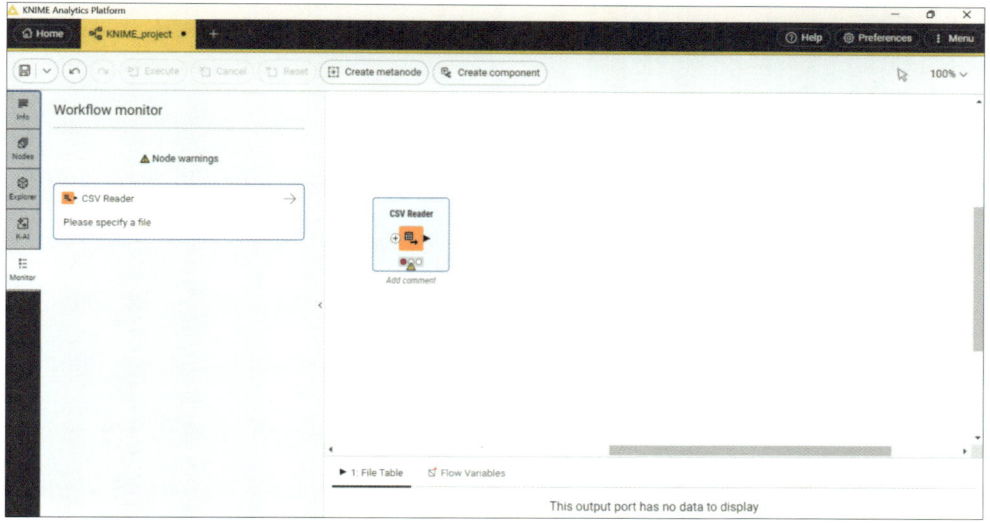

2.9 Workflow Editor

Workflow Editor는 중앙에 위치한 워크플로우 편집 화면으로, 노드를 검색한 뒤 드래그 앤 드롭하거나 더블 클릭하여 워크플로우에 추가할 수 있습니다. 각 노드의 설정을 수정하고, 노드 간 연결을 통해 전체 워크플로우를 구성할 수 있는 영역입니다.

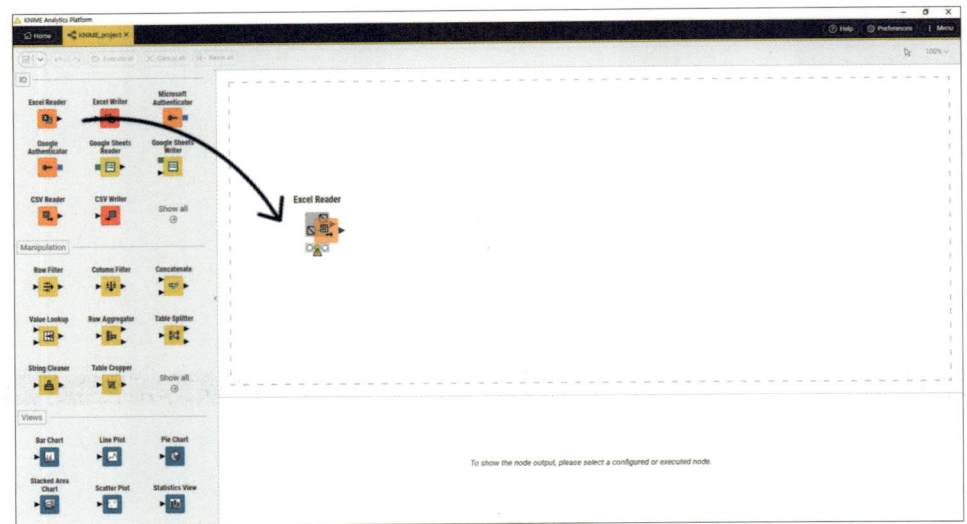

2.10 Table

노드 실행 결과를 테이블 형식으로 확인할 수 있습니다. CSV, Excel, TXT 등 로컬 파일로 불러온 데이터는 바로 확인이 가능하며, 데이터베이스(DB), 클라우드와 연결된 경우에는 viewer 버튼을 눌러 최소 100건까지 미리보기를 지원합니다. 또한, 오른쪽의 Flow Variables 탭에서는 노드에서 사용 중인 전역 변수(Flow Variable)를 확인할 수 있습니다.

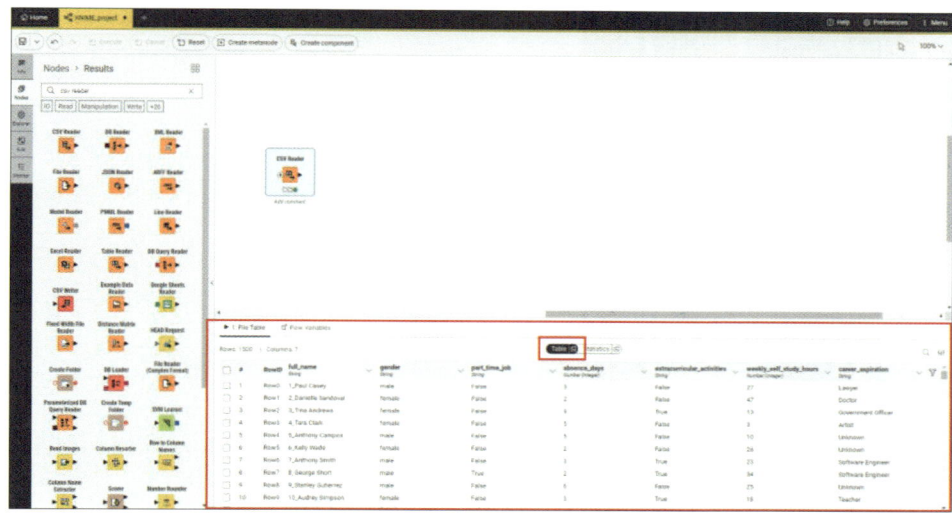

Statistics 탭에서는 노드 실행 결과에 대한 기본적인 통계 정보를 확인할 수 있습니다. 문자열 타입의 컬럼에서는 결측값 개수, 유일값 개수 등을 확인할 수 있습니다. 숫자형 데이터의 경우 최솟값, 최댓값, 평균, 사분위수, 절댓값 평균, 표준편차, 합계 등의 다양한 통계 지표를 제공하여 데이터의 분포나 이상치, 결측값 등을 간단히 파악할 수 있습니다.

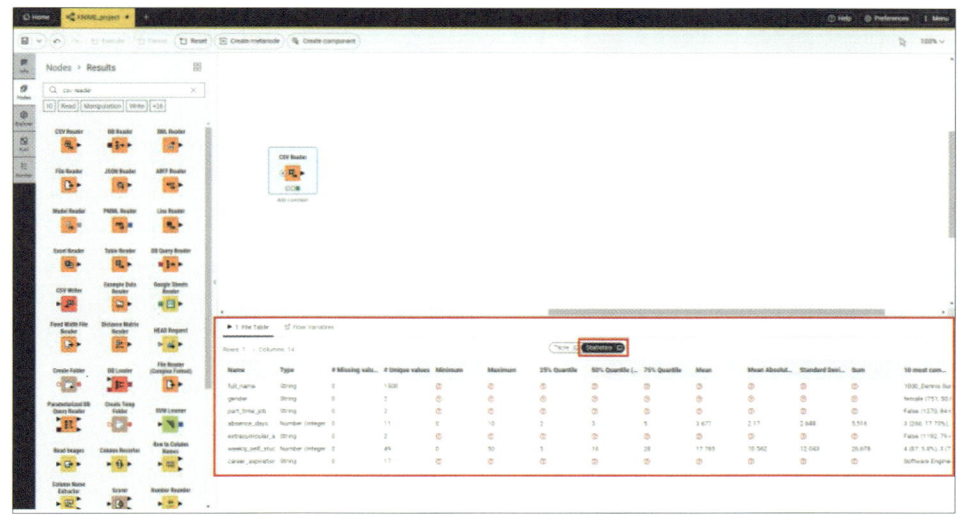

3. 노드

KNIME Analytics Platform에서 개별 작업은 '노드(Node)'를 통해 실행됩니다. 노드를 사용하면 파일 읽기 및 쓰기, 데이터 변환, 모델링, 시각화, 출력 등 모든 종류의 작업을 수행할 수 있습니다.

3.1 노드 포트

노드의 양쪽에 있는 도형을 포트(Port)라고 부릅니다. 노드의 왼쪽 포트는 해당 노드가 처리할 데이터를 입력 받는 Input 포트입니다. 오른쪽 포트는 노드가 처리한 작업 결과 데이터를 출력하는 Output 포트입니다. 데이터는 출력 포트에서 다른 노드의 입력 포트로 연결되며, 이처럼 서로 연결된 노드들의 집합이 하나의 Workflow를 구성하게 됩니다..

3.2 노드 상태

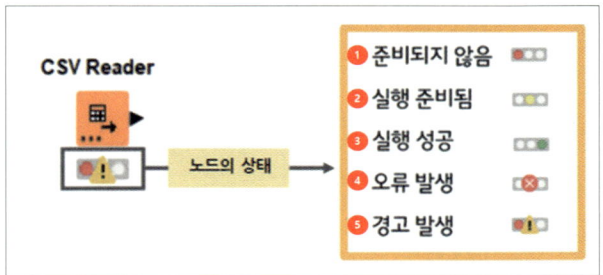

노드 하단에 표시되는 신호등 모양의 아이콘은 노드의 현재 상태를 나타냅니다.

🔴⚪⚪	초기 상태 - 노드 설정이 완료되지 않아 실행할 수 없는 상태입니다.
⚪🟡⚪	설정 완료, 미실행 상태 - 노드 설정은 입력되었으나 아직 실행하지 않은 상태입니다.
⚪⚪🟢	정상 실행 완료 - 노드가 정상적으로 실행되어 결과가 생성된 상태입니다.
❌	오류 발생 - 동그라미 안 엑스(×) 표시는 노드 실행 중 오류가 발생하여 중단된 상태입니다.
🔴⚠️⚪	경고 상태 - 노란색 세모 안 느낌표(!)는 경고를 의미합니다.

해당 느낌표 위에 마우스를 올려놓으면 경고 내용 확인이 가능합니다.

3.3 노드 실행 및 결과 확인

1) 노드를 선택하고 마우스 오른쪽 버튼을 누른 후, 'Configure'를 클릭하면 노드 설정창이 열립니다.

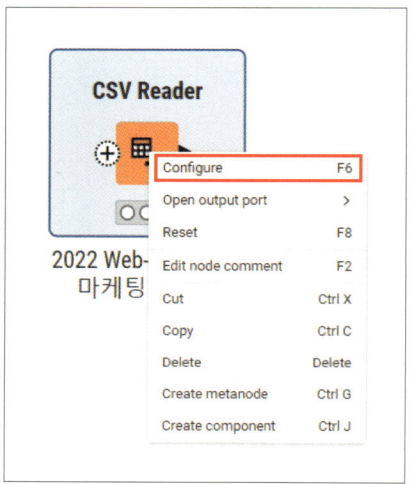

2) 노드의 설정이 오류 없이 완료되면, 해당 노드를 실행할 수 있습니다.

3) 노드를 다시 선택한 뒤 마우스 오른쪽 버튼을 클릭한 후, 'Execute' 버튼을 누르면 노드가 실행됩니다. 이때, 해당 노드 앞단에 연결된 노드가 있다면, 필요한 선행 노드도 함께 자동 실행됩니다.

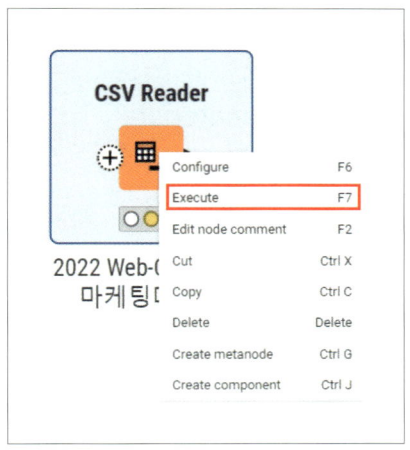

4) 노드 실행이 정상적으로 완료되면, 실행시킨 노드에서 마우스 오른쪽 버튼을 클릭한 후, 'Open output part'를 선택하여 실행 결과를 확인할 수 있습니다. 또는, 화면 하단의 Console 결과창에서도 실행 결과 메시지를 확인할 수 있습니다.

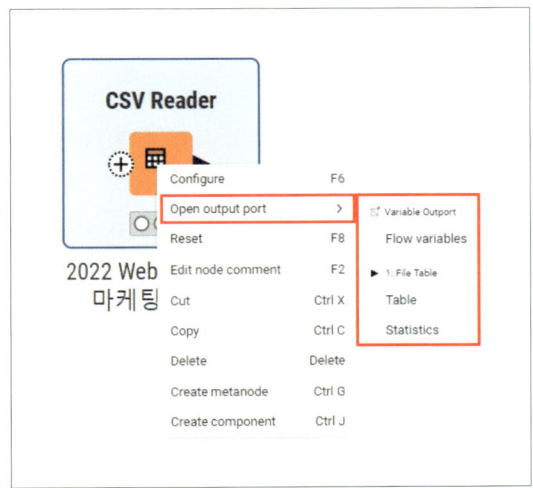

5) 노드 위에 마우스 커서를 올리면, 노드 설정(Configure), 실행(Execute), 실행 중지
(Cancel), 실행 초기화(Reset) 등의 버튼을 볼 수 있으며, 각각의 버튼을 클릭하여 원하는
작업을 바로 수행할 수 있습니다.

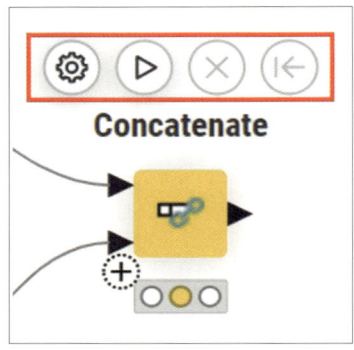

4. KNIME AI

KNIME AI인 AI Assistant(K-AI)는 ChatGPT 기반의 대화형 도구로, 노드와 알고리즘
설명부터 워크플로우 생성까지 지원합니다. K-AI는 크게 두 가지 기능을 제공합니다.
'Q&A' 기능과 'Build' 기능입니다.

① Q&A: 질문에 대한 답변과 함께 관련 Node 추천, 통계 처리, 머신러닝 알고리즘 안내
등을 제공합니다. 초보자도 목적에 맞는 Node를 쉽게 찾고 연결할 수 있습니다.
② Build: 요청에 따라 필요한 Node를 자동으로 연결해 Workflow를 생성합니다. 데이터
처리, 분석, 시각화까지 자동으로 구축할 수 있습니다.

4.1 K-AI Assistant 설치하기

1) 우측 상단의 세 번째 'Menu'에서 'Install extensions'를 클릭합니다.

2) 팝업창에서 'KNIME Labs Extensions'을 선택하고 Next 버튼을 클릭하여 AI 기능을 설치합니다.

※ KNIME 최신 버전(예: 5.4.2)에는 해당 확장 기능이 기본으로 포함되어 있으므로 별도의 설치가 필요하지 않습니다.

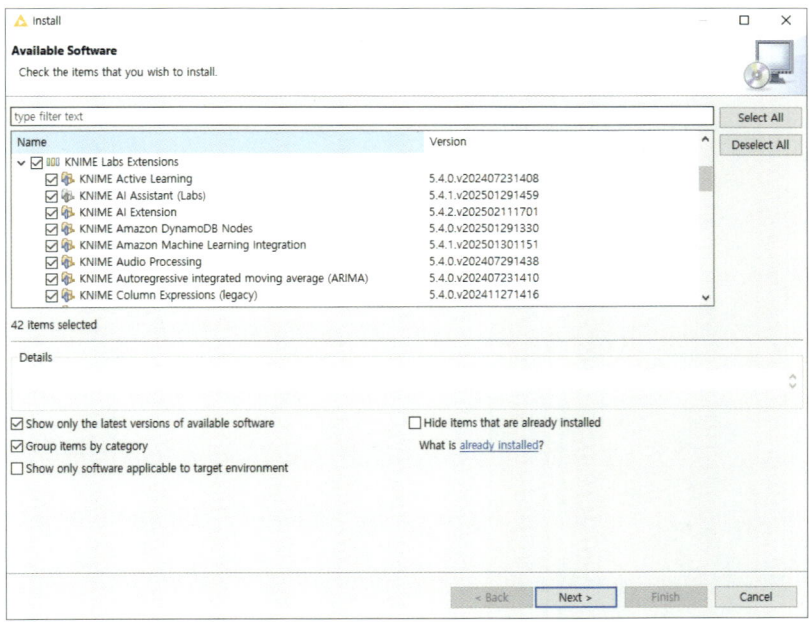

3) 설치가 완료되면 변경 사항을 적용하기 위해 'Restart Now' 버튼을 클릭해 KNIME을 재시작합니다.

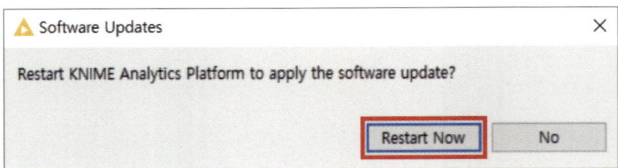

4) KNIME 실행 후, Side Panel Navigation의 네 번째 버튼인 'K-AI Assistant'를 클릭합니다. 'Login to My-KNIME-Hub'를 클릭하여 KNIME Community Hub 계정에 로그인합니다.

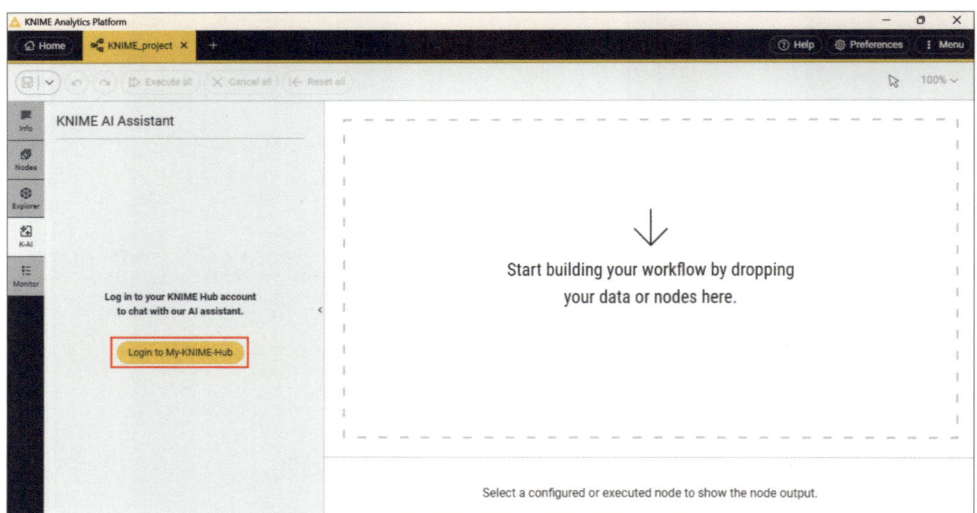

5) 서비스 약관(Disclaimer)에 동의한 후, 'Accept and continue' 버튼을 클릭합니다.

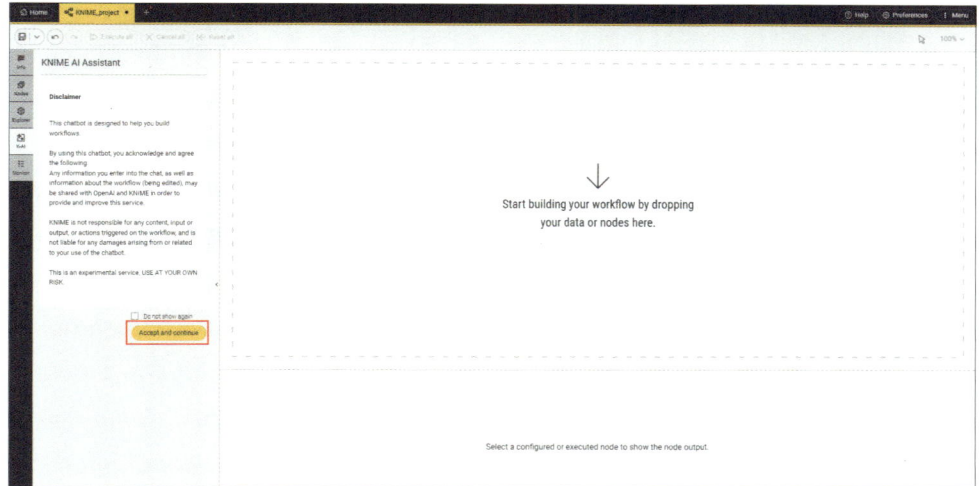

6) 설치 및 KNIME 로그인 절차가 완료되면, KNIME에서 Q&A와 Build 기능을 사용할 수 있습니다.

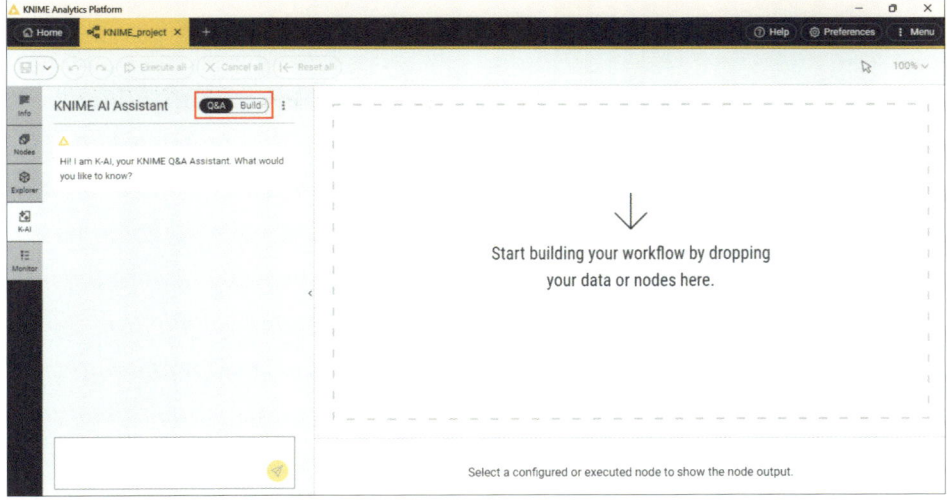

4.2 KNIME AI Assistant [Q&A]

Q&A 기능은 K-AI에 질문을 입력하면, 그에 대한 답변을 제공하는 기능입니다. 일반적으로 실행하려는 작업에 적합한 노드나 관련 알고리즘에 대한 상세 설명을 제공하며, 머신러닝 및 AI에 활용할 수 있는 노드도 함께 추천해줍니다.

1) 질문에 의해 해당 작업에 적합한 노드를 자동으로 추천해줍니다.

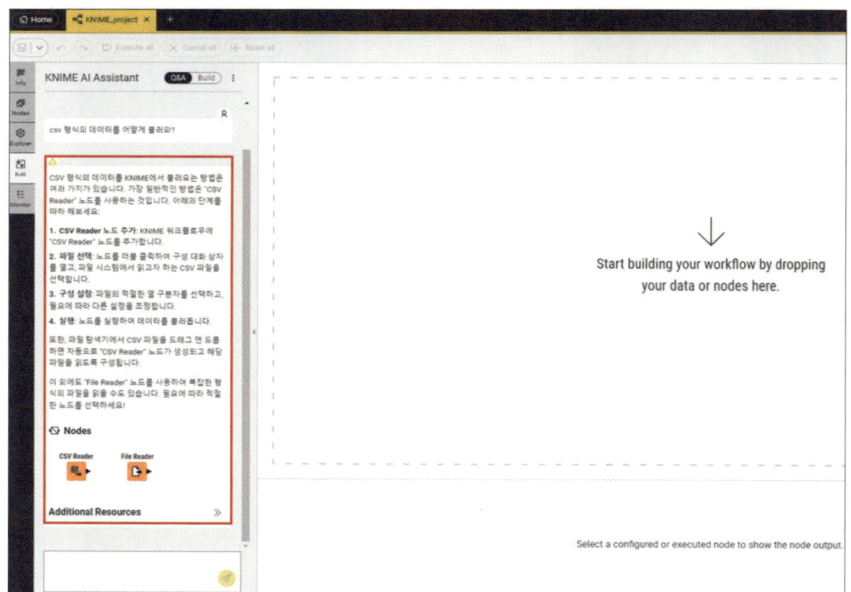

2) 추천된 노드를 마우스로 드래그하여 Work Editor에 바로 추가할 수 있습니다.

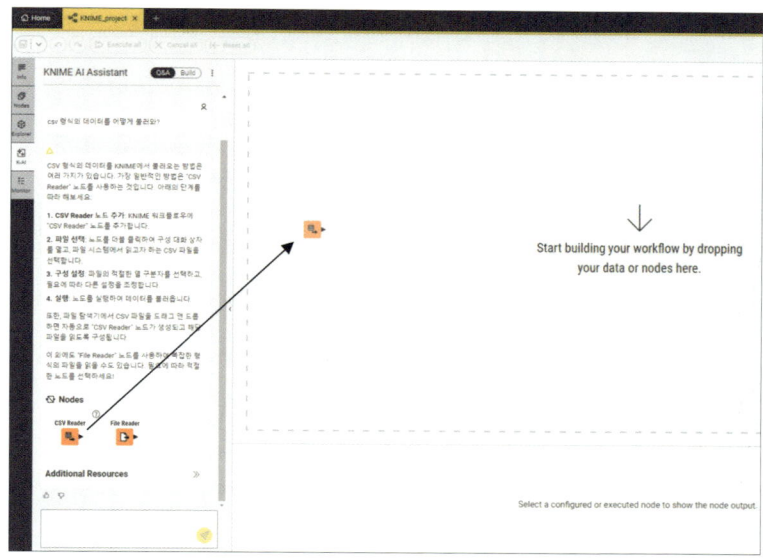

3) 노드의 우측 상단 물음표 표시를 클릭하면, 해당 노드의 기능 설명과 사용 방법, 상세 정보 등을 확인할 수 있습니다.

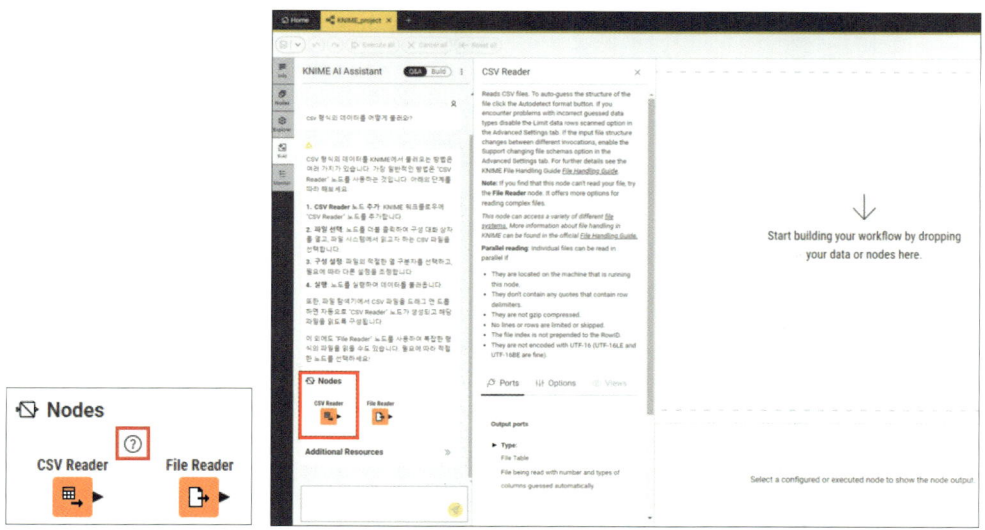

4) 노드의 상세 정보와 추가적인 설정 방법을 알 수 있습니다.

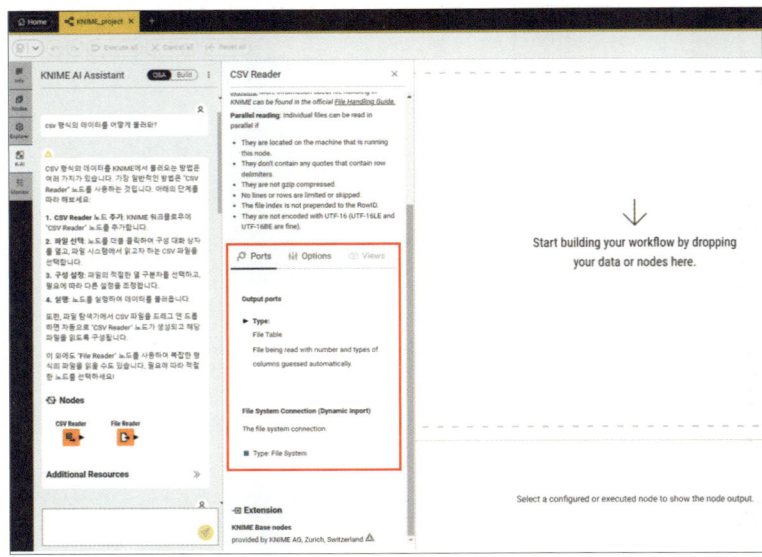

5) 다양한 언어로 질문이 가능하며, 입력한 언어에 따라 그에 맞는 답변을 제공받습니다.

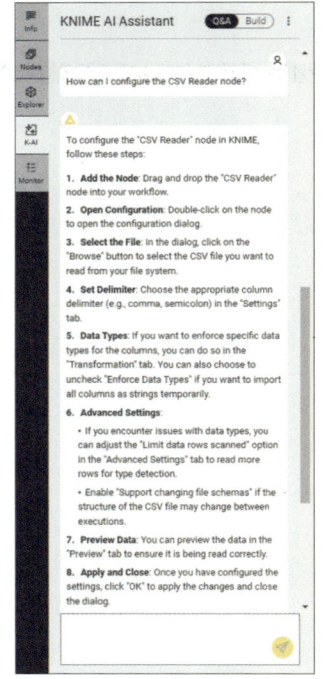
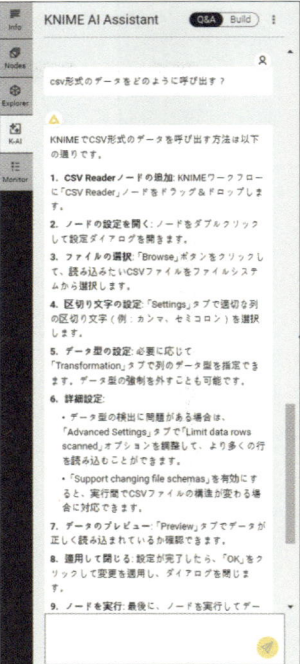

6) 데이터 전처리, 결측치 처리 등의 복잡한 과정에서도 질문만으로 적절한 노드와 알고리즘을 추천받을 수 있습니다.

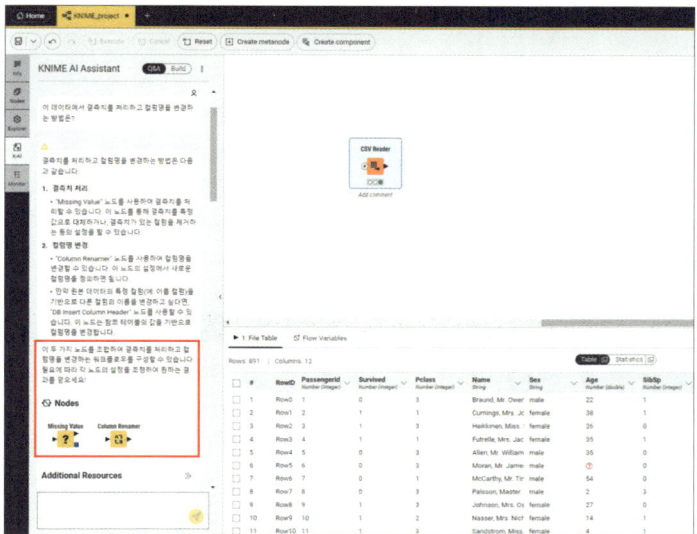

7) 다양한 머신러닝 방법과 머신러닝에 사용되는 노드를 추천해줍니다.

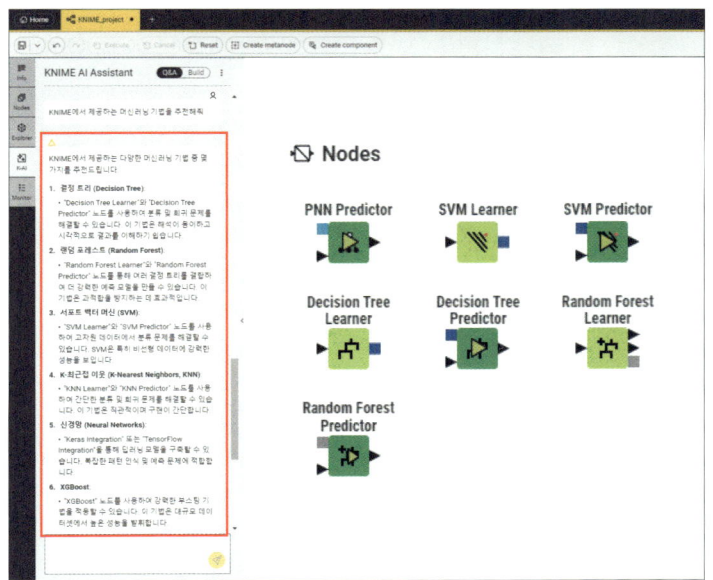

4.3 KNIME AI Assistant [Build]

Build 기능은 사용자가 입력한 요청에 따라, 관련 노드들을 자동으로 생성하고 연결하여 워크플로우를 구성해주는 기능입니다. 실행하고자 하는 방향이나 알고리즘을 입력하면, 해당 작업에 적합한 노드들이 워크플로우 에디터에 자동으로 배치되고 서로 연결됩니다. 또한 사용자가 필요한 작업을 문장 형태로 입력하면, 그에 맞는 노드가 자동으로 생성되어 화면에 구성됩니다.

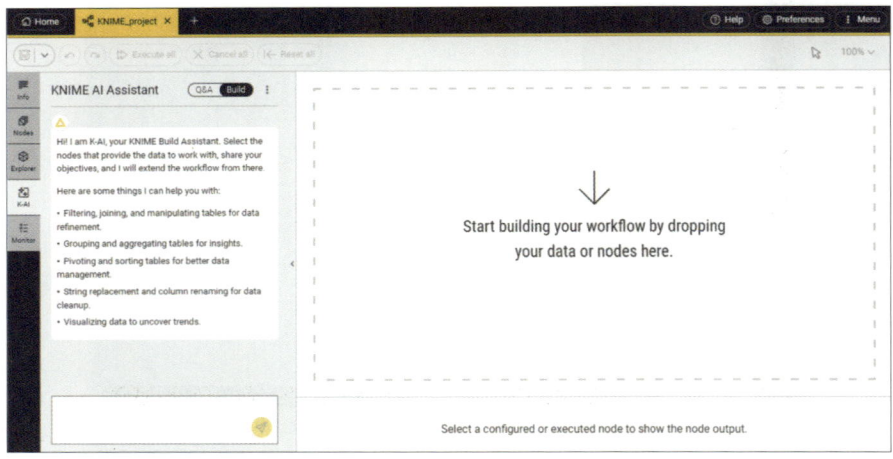

1) 데이터가 포함된, 실행된 노드가 있어야 진행이 가능합니다.

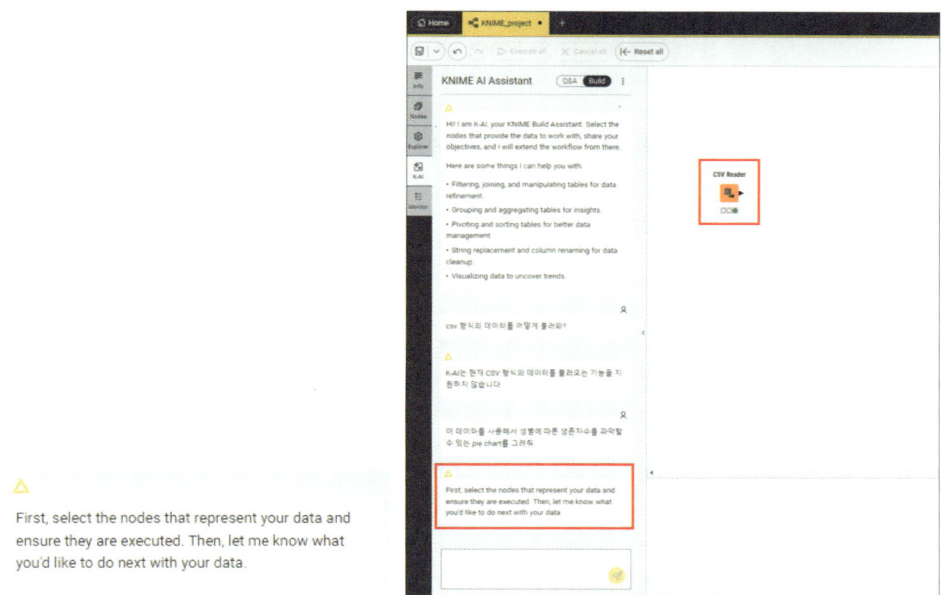

First, select the nodes that represent your data and
ensure they are executed. Then, let me know what
you'd like to do next with your data.

2) 실행된 노드를 선택한 상태에서 요청을 입력하면, 필요한 노드가 자동으로 Workflow
Editor에 추가되고 연결되어 Workflow가 구축됩니다.

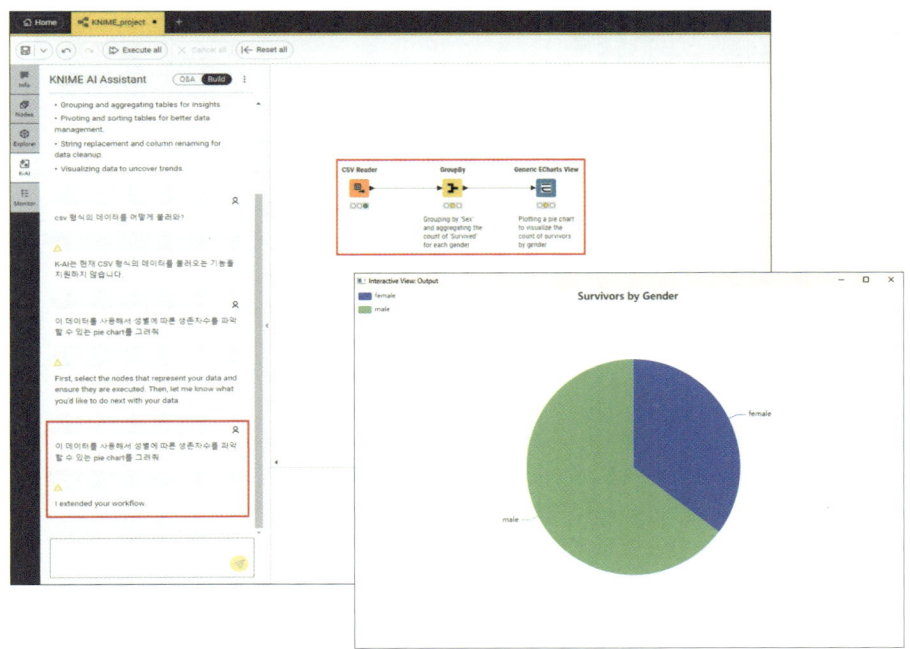

3) Build를 활용한 데이터 전처리: 사용자가 원하는 조건이나 처리 방식을 입력하면, KNIME Assistant가 관련 노드들을 자동으로 생성하고 연결하여 전처리 워크플로우를 구성합니다.

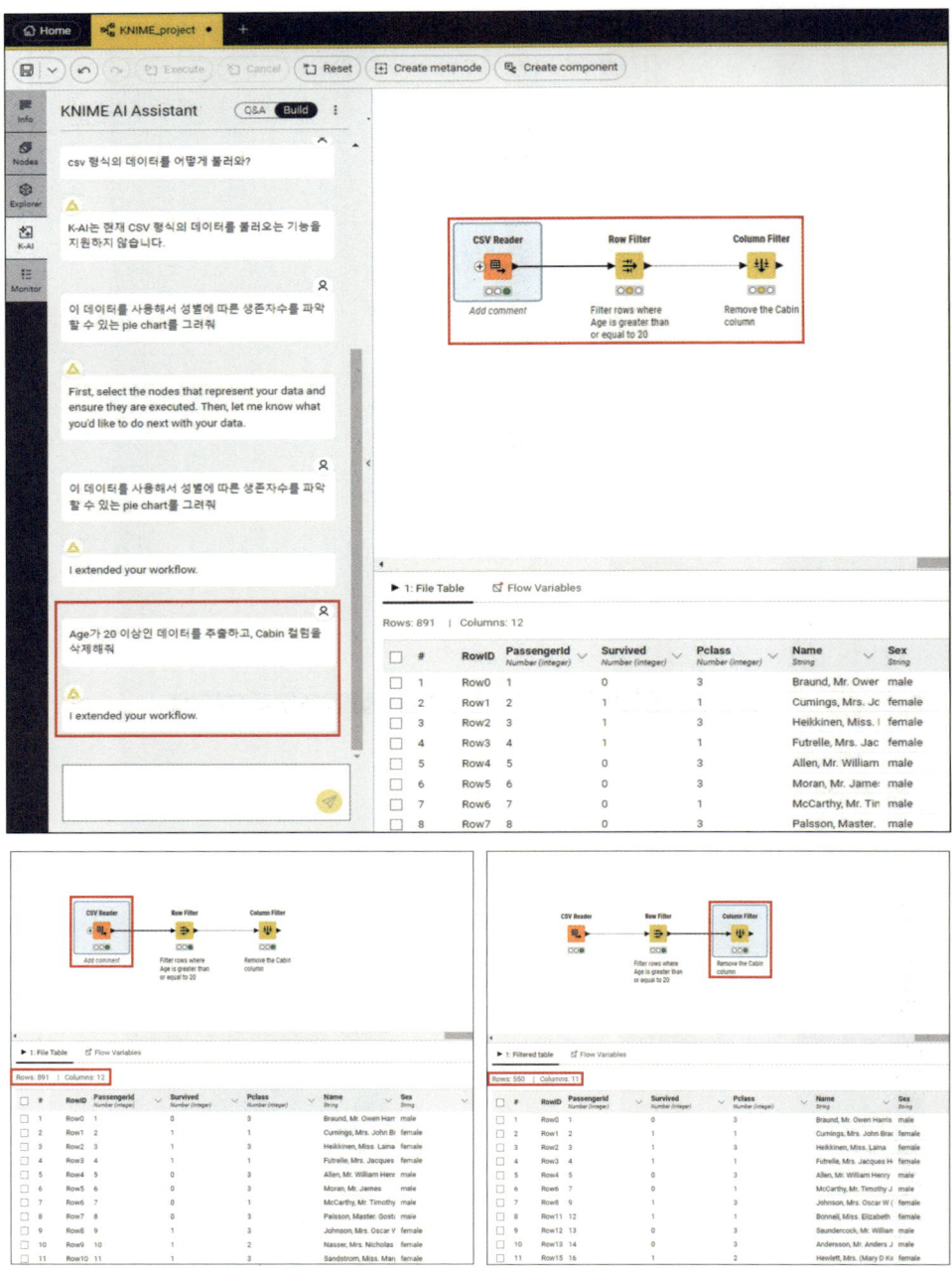

4) Build를 활용한 데이터 전처리 및 시각화: 사용자가 원하는 조건이나 처리 방식을 입력하면, KNIME Assistant가 관련 노드들을 자동으로 생성하고 연결하여 전처리 및 시각화 워크플로우를 구성합니다.

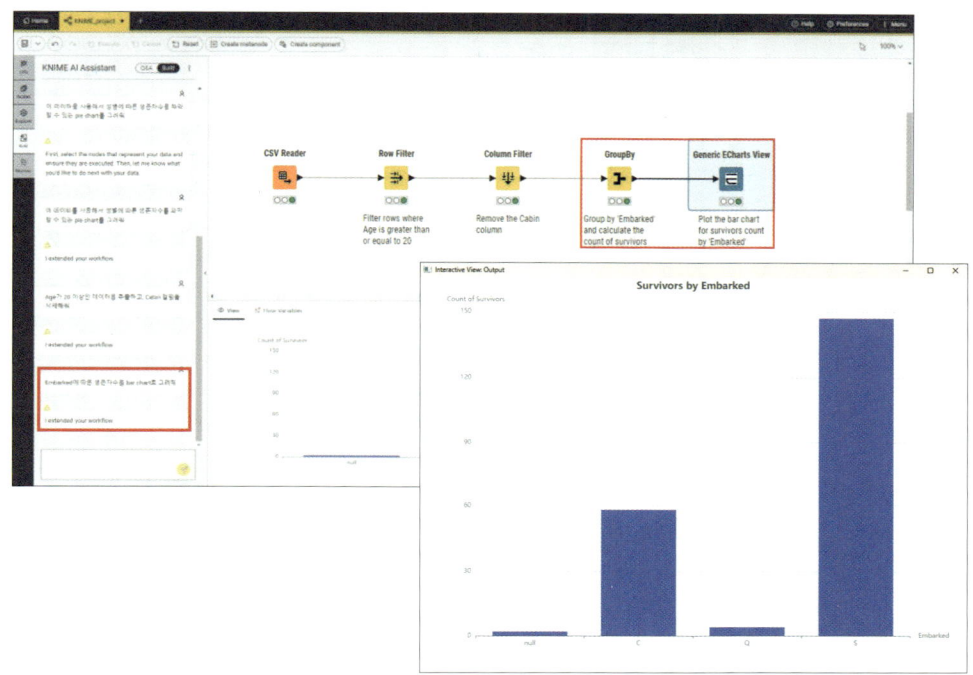

4.4 Q&A vs Build

항목	Q&A 기능	Build 기능
주요 기능	질문에 대한 답변과 노드 추천 제공	사용자가 직접 명령어로 워크플로우 구성
워크플로우 구성 방식	추천된 노드와 설명을 통해 간접적으로 구성	필요한 노드를 자동으로 배치하여 구성
워크플로우 구성 효율성	비교적 효율적인 구성 제안 가능	워크플로우 검토 및 수정 필요
응답 속도	빠른 응답 제공	상대적으로 시간이 더 소요
오류 발생 가능성	거의 없음	설정에 따라 오류 발생 가능성 있음

※ AI Assistant를 통해 생성된 워크플로우에 대한 최종 책임은 사용자에게 있으며, 그 결과에 대해 KNIME 측에 책임을 물을 수 는 없습니다. AI Assistant는 현재 실험적인 단계에 있는 기능으로, 특히 Build 기능은 활용 가능한 노드 종류에 제한이 있어 생 성되는 워크플로우의 완성도를 항상 보장하지는 않습니다. 따라서 사용자는 AI가 생성한 워크플로우의 구조와 내용에 대해 충 분히 이해한 후, 필요 시 검토 및 수정하는 과정을 반드시 거쳐야 합니다.

Note. *Please note that K-AI is an experimental service and is actively being developed to improve its performance.*

KNIME AI Assistant

Disclaimer

This chatbot is designed to help you build workflows.

By using this chatbot, you acknowledge and agree the following:
Any information you enter into the chat, as well as information about the workflow (being edited), may be shared with OpenAI and KNIME in order to provide and improve this service.

KNIME is not responsible for any content, input or output, or actions triggered on the workflow, and is not liable for any damages arising from or related to your use of the chatbot.

This is an experimental service, USE AT YOUR OWN RISK.

3강

KNIME

KNIME
데이터
전처리
실습

본 장에서는 Kaggle(캐글)이라는 데이터 분석 플랫폼에서 제공하는, 고등학교 마지막 학기 학생들의 성취도 데이터를 활용하여 KNIME 기반의 데이터 전처리 실습을 진행합니다. 이번 실습은 데이터 분석의 첫 단계인 전처리 과정을 중심으로 구성되었으며, KNIME에서 자주 사용되는 다양한 노드를 직접 사용해보며 기능을 익힐 수 있도록 설계되었습니다.

이번 실습에서 사용되는 데이터는 두 종류입니다.
첫 번째 데이터는 기본 정보 데이터입니다. 학생 개개인의 이름, 성별, 아르바이트 여부, 결석일수, 교외활동 참여 여부, 자율학습시간, 장래희망 등 다양한 개인 정보가 포함되어 있습니다.
두 번째 데이터는 성적 정보 데이터입니다. 학생별 과목 점수에 대한 정보를 담고 있는 데이터로 수학, 영어, 과학 등 여러 과목에 대한 점수가 포함되어 있습니다.

이 두 데이터를 KNIME을 통해 불러오고, 병합(JOIN)한 후 다양한 전처리 노드를 사용하여 실습을 진행할 예정입니다.

실습 데이터는 Kaggle 원본을 기반으로, 다양한 노드 활용과 전처리 실습이 가능하도록 일부 항목이 조작 및 재구성된 데이터입니다. 재구성한 데이터는 잘레시아 공식 네이버 블로그를 통해 다운로드하실 수 있습니다. 또한, 실습 과정을 따라하기 어려운 분들을 위해 잘레시아 유튜브 채널을 통해 전체 실습 과정이 영상으로 제공되고 있으니 참고하시기 바랍니다.

실습을 시작하기에 앞서, KNIME에서 새로운 워크플로우를 먼저 생성해야 합니다. 워크플로우 생성 방법은 앞 장의 '2강: KNIME Analytics Platform 홈 화면 구성 – 1.1 Workflow 생성하기'를 참고해주시길 바랍니다.

사용하게 될 데이터의 명세는 하단 표에서 확인할 수 있습니다.

■ 학생 정보 데이터

No.	Column명	Column 한글명	데이터 타입
1	full_name	이름	String
2	gender	성별	String
3	part_time_job	아르바이트 여부	String
4	absence_days	결석일수	String
5	extracurricular_activities	교외활동 여부	String
6	weekly_self_study_hours	자율학습시간	String
7	career_aspiration	장래희망	String

■ 학생 점수 데이터

No.	Column명	Column 한글명	데이터 타입
1	full_name	이름	String
2	math_score	수학점수	Number
3	history_score	역사점수	Number
4	physics_score	물리점수	Number
5	chemistry_score	화학점수	Number
6	biology_score	생명과학점수	Number
7	english_score	영어점수	Number
8	geography_score	지리점수	Number

전체 Workflow 과정

1. 데이터 불러오기

Workflow 과정

1.1 CSV 파일 가져오기

실습의 첫 단계로, 첫 번째 데이터를 불러오기 위해 CSV Reader 노드를 사용하여 학생 정보가 담긴 CSV 파일을 불러옵니다.

노드 설명

CSV Reader 노드는 CSV 형식의 파일을 KNIME Workflow로 불러오는 데 사용됩니다. 해당 노드를 더블 클릭하면, 설정창이 열립니다.

노드 설정

1) Settings – Input location

① Read from － Local File System: Local 시스템에 있는 파일을 가져오도록 기본 경로를 'Local File System'으로 지정합니다.

② Mode － File: 단일 파일을 불러오기 위해 'File'을 선택합니다.

③ File: 'Browse' 버튼을 클릭하여 불러오려는 파일의 경로를 지정합니다. (파일명: '학생 (1~1500).csv')

2) Settings － Preview: 불러온 데이터를 미리 확인합니다.

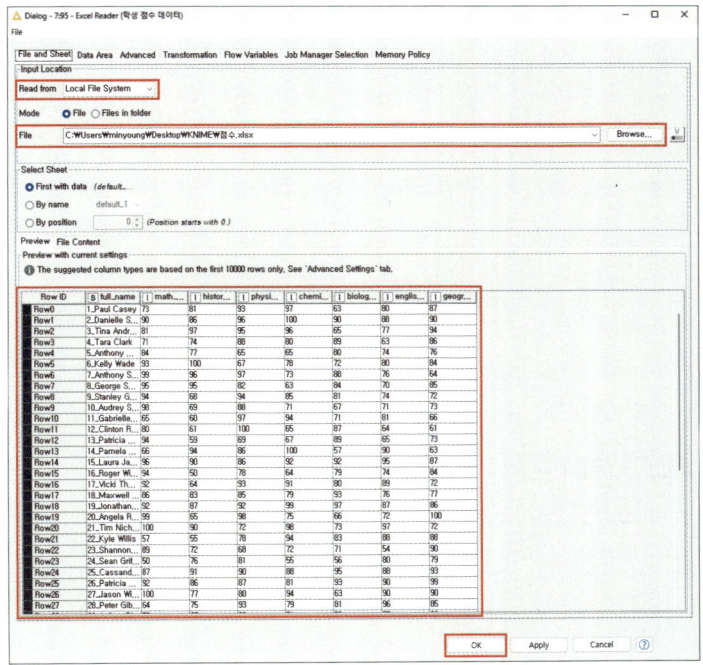

Configure 창에서 경로 지정을 마쳤다면 'OK' 버튼을 클릭하여 노드를 실행합니다.

1.2 Excel 파일 가져오기

두 번째 데이터를 불러오기 위해 Excel Reader 노드를 사용하여 학생 점수가 담긴 Excel 파일을 불러옵니다. 사용할 파일명은 '점수.xlsx'입니다.

Excel Reader

학생 점수 데이터

Excel Reader 노드는 Excel 형식의 파일을 KNIME Workflow로 불러오는 데 사용됩니다.

노드 설정

1) File and Sheet – Input location

① Read from – Local File System: Local 시스템에 있는 파일을 가져오도록 기본 경로를 'Local File System'으로 지정합니다.

② Mode – File: 단일 파일을 불러오기 위해 'File'을 선택합니다.

③ File – File: 'Browse' 버튼을 클릭하여 불러오려는 파일의 경로를 지정합니다. (파일명: '점수.xlsx')

2) File and Sheet – Preview: 불러온 데이터를 미리 확인합니다.

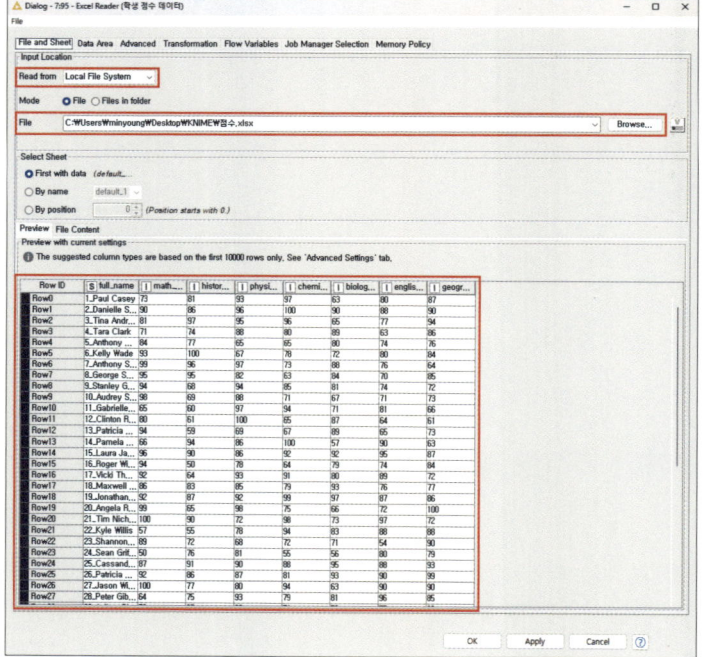

2. 데이터 병합 (JOIN)

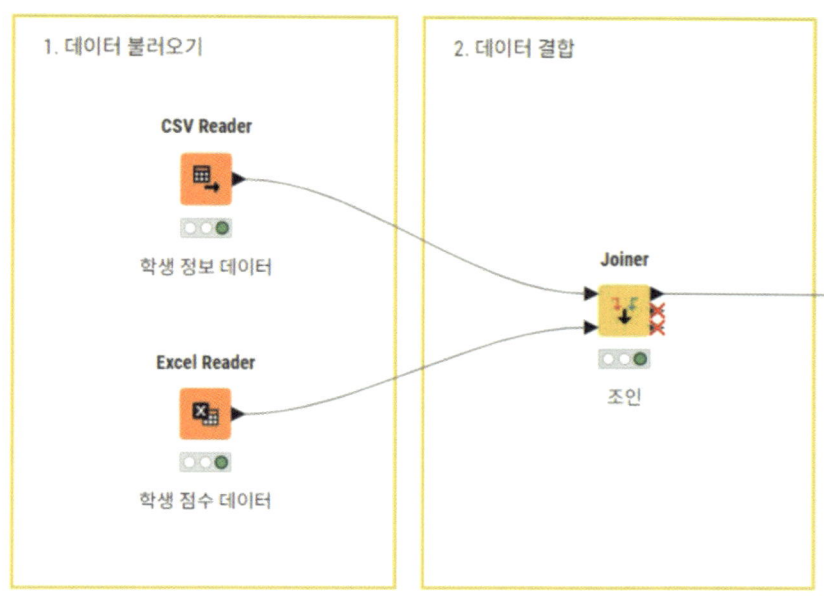

Workflow 과정

앞에서 불러온 학생 정보 데이터와 학생 점수 데이터를 Joiner 노드를 사용하여 하나의 테이블로 병합합니다. 상단 Input 포트에는 학생 정보 데이터, 하단 Input 포트에는 학생 점수 데이터를 연결합니다.

Joiner

조인

노드 설명

Joiner 노드는 기준 테이블에 다른 테이블을 특정 키 기준으로 추가할 때 사용하는 노드입니다. 상단 포트는 Left table, 하단 포트는 Right table로 구분됩니다. 상단/하단 포트에 조인하고 싶은 테이블을 연결합니다.

1) Matching Criteria (조인 키 지정)

좌측 테이블과 우측 테이블에서 조인 기준이 되는 Column을 지정합니다. '+ Add matching criterion' 버튼을 사용하여 조인 키를 추가하고, 휴지통 아이콘을 사용하여 제거할 수 있습니다.

① Top Input ('left' table): 좌측 테이블에서 'full_name' Column을 조인 키로 선택합니다.

② Bottom Input ('right' table): 우측 테이블에서 'full_name' Column을 조인 키로 선택합니다.

2) Include in Output (조인 방법 선택)

조인 결과를 어떤 방법으로 출력할지 선택합니다. 세 개의 옵션을 다중으로 선택할 수 있으며, 우측의 벤 다이어그램을 통해 선택한 조인 방법을 시각적으로 확인할 수 있습니다. 'Matching rows'를 선택하여 'Inner join'을 출력합니다.

① Matching rows: 조인 키 기준으로 양쪽 테이블에서 일치하는 행만 표시합니다.

② Left unmatched rows: 좌측 테이블 기준으로 조인 키와 일치하지 않는 행을 표시합니다.

③ Right unmatched rows: 우측 테이블 기준으로 조인 키와 일치하지 않는 행을 표시합니다.

3) Output Columns (출력 컬럼 설정)

출력되는 Output 테이블에 대한 설정을 할 수 있습니다.

① Top input ('left' table): Output 테이블에 포함하거나 제외할 Column을 좌측 테이블에서 선택합니다.

② Bottom input ('right' table): Output 테이블에 포함하거나 제외할 Column을 우측 테이블에서 선택합니다.

③ Merge join Columns: 이 항목에 체크하면 결과 테이블에서 두 테이블의 조인 Column이 한 개의 Column으로 병합되어 출력됩니다. Column 명이 다를 경우, '좌측 테이블 Column = 우측 테이블 Column'으로 표현됩니다.

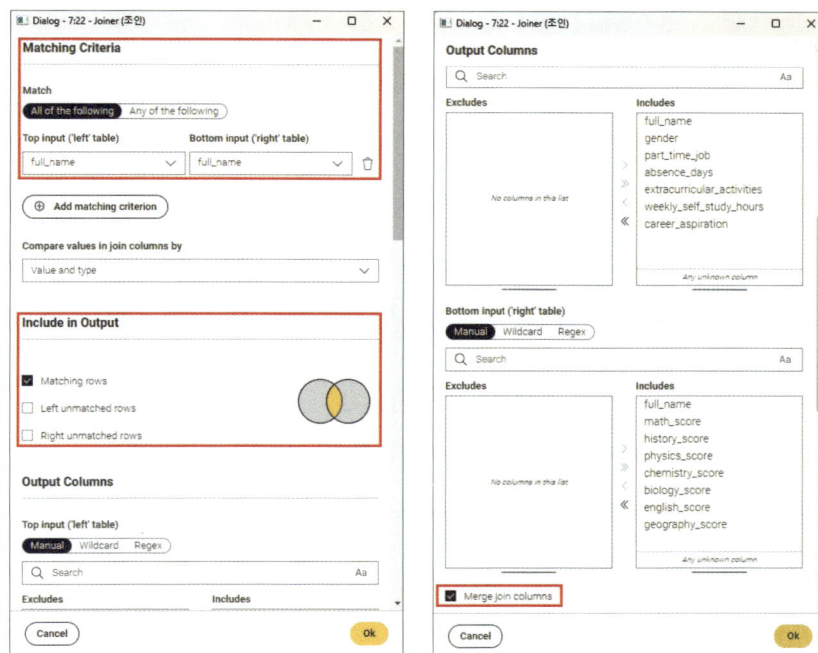

노드 결과

모든 행(Row)이 일치하므로, Row 개수는 변하지 않고 테이블이 옆으로 추가되어 Column 수가 늘어납니다.

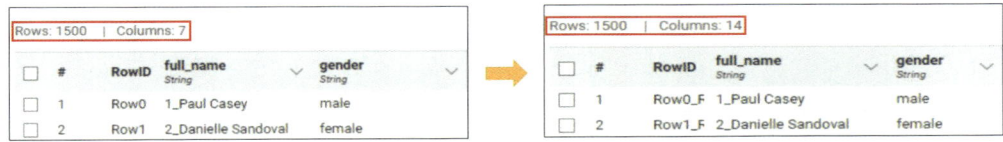

3. Column 조작

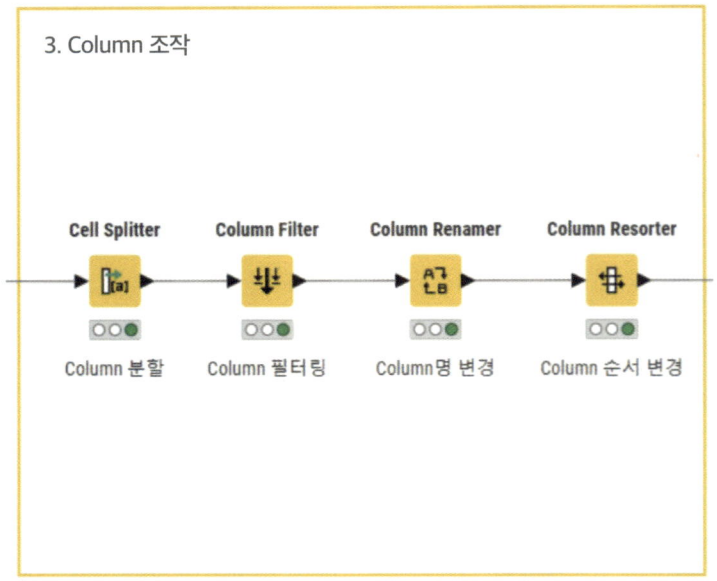

Workflow 과정

3.1 Column 분할

이번 단계에서는 Cell Splitter 노드를 사용하여, 'full_name' Column의 값을 구분자('_') 기준으로 분할합니다.

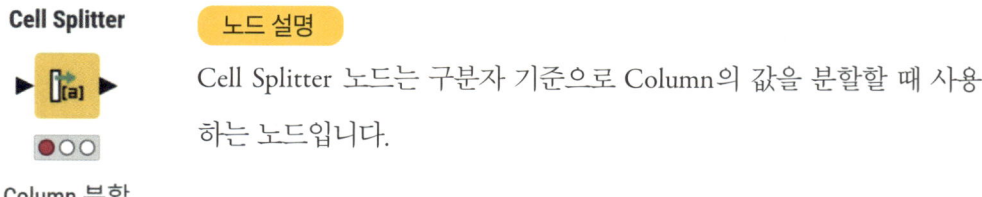

노드 설명

Cell Splitter 노드는 구분자 기준으로 Column의 값을 분할할 때 사용하는 노드입니다.

1) Column to split (분할 대상 컬럼 지정)

　① Select a Column: 값을 분할하려는 'full_name' Column을 선택합니다.

　② Remove input Column: 체크 시 기존의 'full_name' Column이 제거됩니다.

2) Settings (구분자 및 공백 설정)

　① Enter a delimiter: 값을 분할하기 위한 '_'(언더바) 구분자를 입력합니다.

　② Remove leading and trailing white space chars (trim): 체크 시 구분자 앞뒤에 있는 공백
　　이 제거됩니다.

3) Output (출력 방식 설정)

　① As new Columns: 구분자 기준으로 분할한 값을 새로운 Column으로 생성합니다.

　② Guess size and Column types (requires additional data table scan): Column의 값을 분할
　　할 때 새로 생성되는 Column의 개수와 데이터 타입이 자동으로 결정됩니다.

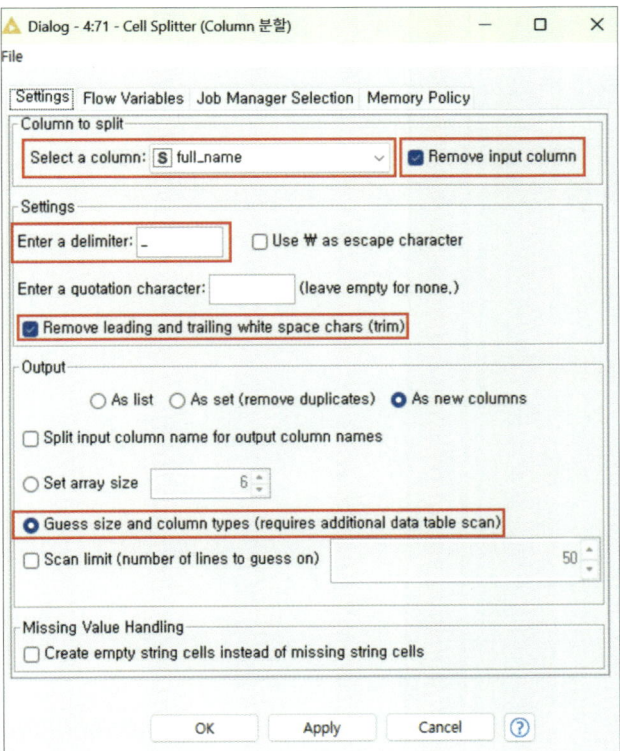

데이터가 구분자('_') 기준으로 분할되어 새로운 컬럼 두 개가 생성된 것을 확인할 수 있습니다.

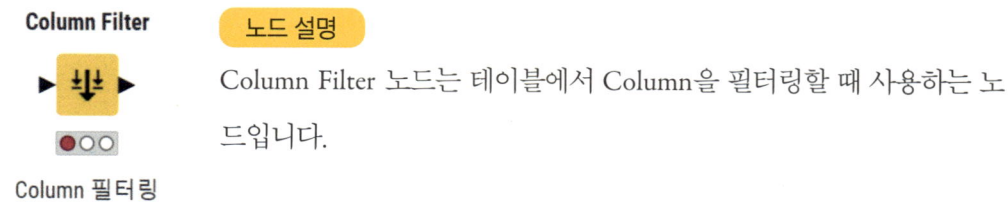

3.2 Column 필터링

이번 단계에서는 Column Filter 노드를 사용하여, 더 이상 사용하지 않는 Column을 제거해줍니다.

Column Filter

노드 설명

Column Filter 노드는 테이블에서 Column을 필터링할 때 사용하는 노드입니다.

Column 필터링

노드 설정

1) Column filter – Manual

Column 분할 후 제거하고 싶은 'full_name_Arr[0]' Column을 선택한 뒤, 화살표를 사용하여 'Excludes' 박스로 이동시킵니다.

2) 필터링

와일드카드(Wildcard), 정규표현식(Regex) 또는 데이터타입(Type) 옵션을 활용하여 Column을 필터링할 수 있습니다.

3.3 Column명 변경

Column Renamer 노드를 사용하여 영문으로 되어있는 Column명을 한글로 변경합니다.

Column Renamer

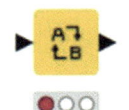

Column명 변경

노드 설명

Column Renamer 노드는 컬럼의 이름을 사용자가 원하는 이름으로 변경할 수 있습니다. 데이터 처리 과정에서 Join, Column Filter 등의 여러 노드를 사용하다 보면, 컬럼 이름이 변경되어 혼동을 줄 수 있습니다. 누구나 쉽게 이해할 수 있도록 컬럼명을 정리하는 작업이 필요합니다.

Column Renamer 노드에서는 이름을 변경할 컬럼을 선택한 후, 새로 지정할 이름을 입력합니다. 왼쪽의 'Column' 드롭다운 목록에서 이름을 변경하고자 하는 컬럼을 선택한 뒤, 오른쪽 'New name' 입력란에 새로운 컬럼 이름을 입력합니다. 여러 컬럼의 이름을 한 번에 변경하려면, Add column 버튼을 눌러 컬럼과 새 이름을 추가로 설정할 수 있습니다. 아래 내용을 참고하여 변경이 필요한 컬럼명을 설정해주시기 바랍니다.

No.	변경 전 컬럼명	변경 후 컬럼명
1	gender	성별
2	part_time_job	아르바이트 여부
3	absence_days	결석일수
4	extracurricular_activities	교외활동 여부
5	weekly_self_study_hours	자율학습시간
6	career_aspiration	장래희망
7	math_score	수학점수
8	history_score	역사점수
9	physics_score	물리점수
10	chemistry_score	화학점수
11	biology_score	생명과학점수
12	english_score	영어점수
13	geography_score	지리점수
14	full_name_Arr[1]	이름

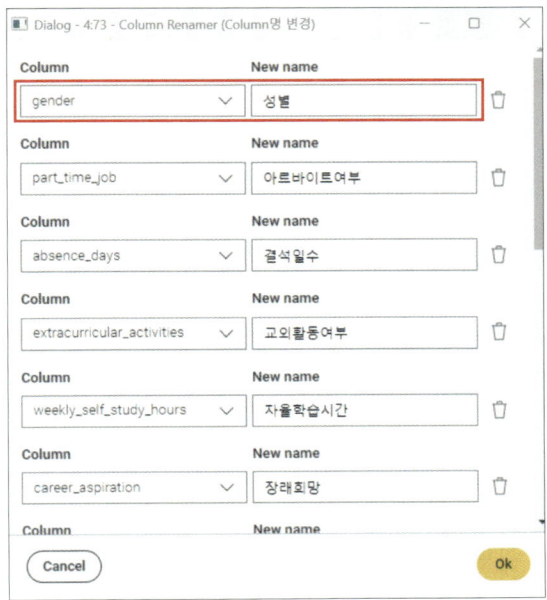

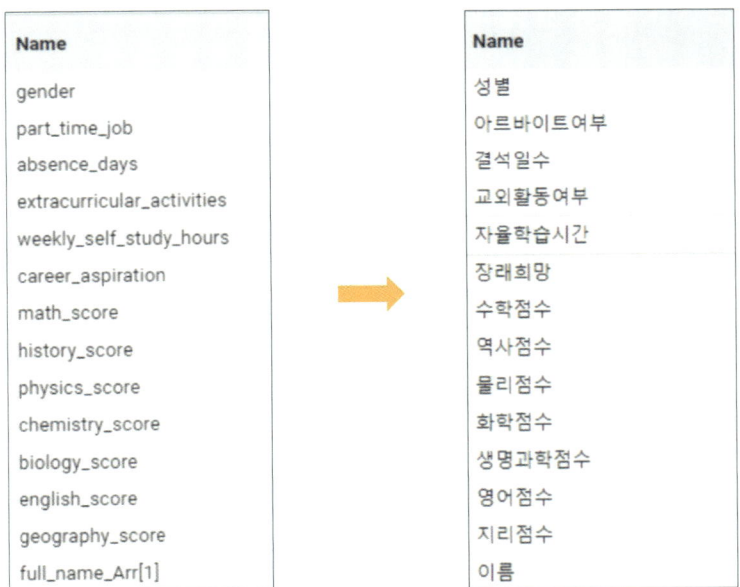

3.4 Column 순서 변경

Column Resorter 노드를 사용하여 '이름' 컬럼 순서를 테이블의 최상단으로 이동시킵니다.

Column Resorter

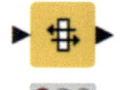

Column 순서 변경

Column Resorter 노드는 테이블의 Column 순서를 정렬하는 노드입니다. 예를 들어 시계열 데이터라면 시간 데이터가 앞에 위치하는 것이 좋고, ID와 같은 Primary Key가 있는 경우에는 ID를 앞에 두는 것이 데이터를 확인하는 데 더 편리합니다. 이처럼 Column 순서를 조정할 필요가 있을 때는 Column Resorter 노드를 활용하는 것이 좋습니다.

노드 설정

1) A - Z : Column 순서를 알파벳순으로 정렬합니다. Column명이 한글일 경우 가나다순으로 정렬합니다.

2) Z - A : Column 순서를 알파벳 역순으로 정렬합니다. Column명이 한글일 경우 가나다 역순으로 정렬합니다.

3) Reset all: 모든 정렬 설정을 처음의 Column 배열로 초기화합니다.

4) Columns: 배열을 변경하고 싶은 Column들만 선택합니다. Ctrl 또는 Shift 키를 사용하면 여러 Column을 동시에 선택할 수 있습니다.

5) ⊼ : 선택한 Column의 순서를 최상단으로 올립니다.

6) ⊻ : 선택한 Column의 순서를 최하단으로 내립니다.

7) ↑ : 선택한 Column의 순서를 한 단계 위로 올립니다.

8) ↓ : 선택한 Column의 순서를 한 단계 아래로 내립니다.

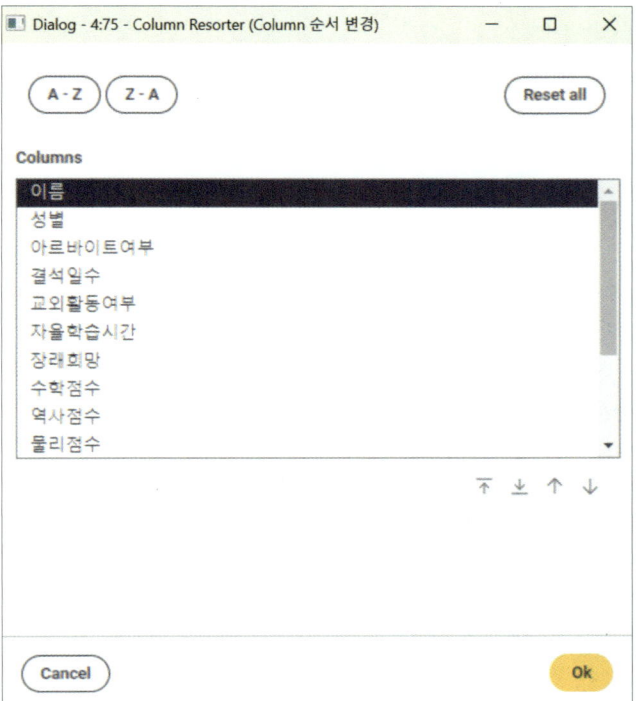

노드 결과

Before

Rows: 15 | Columns: 14

Name

gender

part_time_job

absence_days

extracurricular_activities

weekly_self_study_hours

career_aspiration

math_score

history_score

physics_score

chemistry_score

biology_score

english_score

geography_score

full_name_Arr[0]

full_name_Arr[1]

After

Rows: 14 | Columns: 14

Name

gender

part_time_job

absence_days

extracurricular_activities

weekly_self_study_hours

career_aspiration

math_score

history_score

physics_score

chemistry_score

biology_score

english_score

geography_score

full_name_Arr[1]

4. 결측값 처리

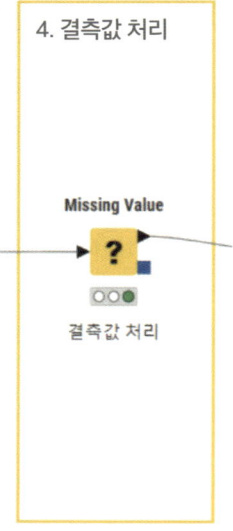

4. 결측값 처리

Missing Value

?

결측값 처리

Workflow 과정

결측값이란, 데이터에 값이 없는 상태(Null)를 의미하며, Missing Value라고도 합니다. KNIME에서는 Node Monitor의 Statistics 탭을 통해 각 Column별 결측값의 개수를 확인할 수 있습니다.

Rows: 14 | Columns: 14   Table | Statistics

Name	Type	# Missing values	# Unique valu...	Minimum	Maximum
이름	String	0	1481	?	?
성별	String	0	2	?	?
아르바이트여부	String	0	2	?	?
결석일수	String	0	11	?	?
교외활동여부	String	0	2	?	?
자율학습시간	String	0	49	?	?
장래희망	String	0	17	?	?
수학점수	Number (integer)	3	61	40	100
역사점수	Number (integer)	2	51	50	100
물리점수	Number (integer)	1	49	50	100
화학점수	Number (integer)	4	51	50	100
생명과학점수	Number (integer)	2	68	30	100
영어점수	Number (integer)	4	50	50	99
지리점수	Number (integer)	1	41	60	100

Missing Value 노드를 사용하여 '수학점수', '역사점수', '물리점수', '화학점수', '생명과학점수', '영어점수', '지리점수' Column에 있는 결측값을 처리합니다.

Missing Value

결측값 처리

Missing Value 노드는 테이블에 존재하는 결측값을 처리합니다. 결측값을 다른 값으로 대체하거나, 결측값이 존재하는 행을 전부 삭제하는 등의 처리를 통해 이후 데이터 분석 과정에서 발생할 수 있는 오류를 방지할 수 있습니다.

노드 설정

Missing Value 노드에서는 데이터 형식별 또는 각 Column별 개별 설정을 통해 결측값 처리 방식을 결정할 수 있습니다.

Default 탭

데이터 형식별로 결측값 처리 방식을 일괄 지정할 수 있는 영역입니다.

1) String 형식 컬럼

 ① 고정값으로 대체

 ② 이전 값, 이후 값, 또는 가장 많은 값으로 대체

 ③ 결측값이 포함된 행 제거

2) Number(Double), Number(Integer) 형식 Column

String 형식 컬럼에 적용 가능한 방법 외에도 평균값, 최댓값, 최솟값 등 수치 기반 계산값으로 결측값을 제거할 수 있습니다.

Column Setting 탭

특정 컬럼별로 개별적인 결측값 처리 방식을 지정할 수 있는 영역입니다.

 ① 결측값을 처리하고 싶은 '수학점수', '역사점수', '물리점수', '화학점수', '생명과학점

수', '영어점수', '지리점수' Column을 선택하여 'Add' 버튼을 누릅니다. (Colum을 여러 개 선택하고 싶은 경우 ctrl키나 shift키를 누른 상태에서 Column을 선택합니다.)

② 우측에 있는 드롭박스에서 결측값 처리 방식을 선택할 수 있습니다. 본 실습에서는 모든 컬럼의 평균값을 결측값으로 수정하기 위해 Mean을 선택합니다.

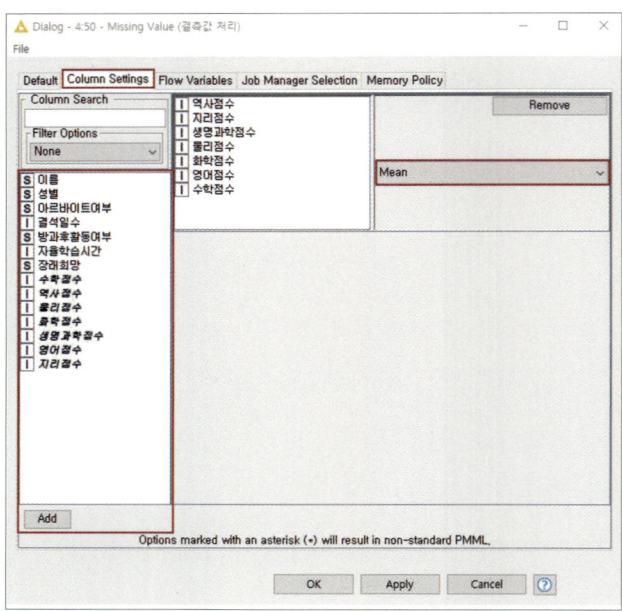

노드 결과

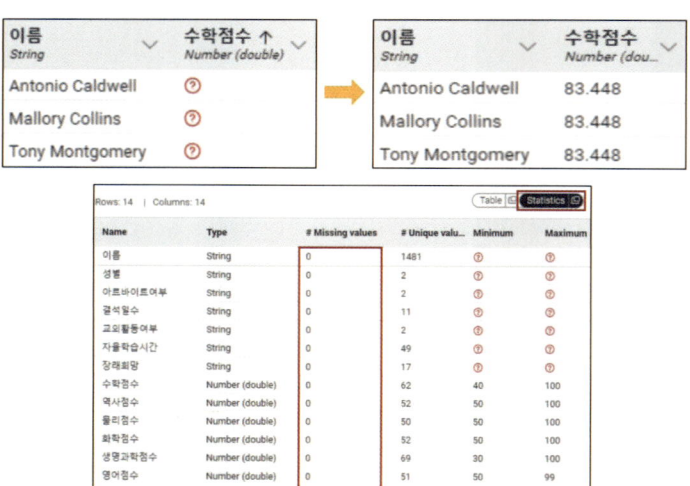

5. 데이터 변환

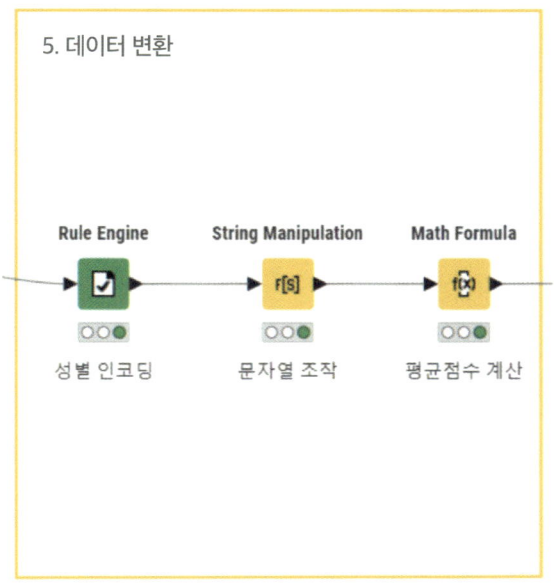

Workflow 과정

5.1 데이터 인코딩

Rule Engine 노드를 사용하여 '성별' Column의 속성값인 "male"과 "female"을 0과 1로 변환해주는 데이터 인코딩을 진행합니다.

Rule Engine

성별 인코딩

노드 설명

Rule Engine 노드는 사용자가 정의한 조건 표현식(Rule)에 따라 값을 지정하고, 그 결과를 새로운 컬럼으로 추가하는 방식(Append) 또는 기존 컬럼의 값을 덮어쓰는 방식(Replace)으로 적용할 수 있는 노드입니다.

1) List: 조건 표현식에 사용할 수 있는 컬럼 목록입니다. 원하는 컬럼명을 더블 클릭하면 Expression 영역에 자동으로 삽입되어 조건식에 사용할 수 있습니다.

2) Function: Rule Engine 노드에서 사용할 수 있는 조건 연산자 목록입니다. 연산자를 선택하면 오른쪽 Description 영역에서 사용 방법과 예시를 확인할 수 있으며, 더블 클릭하면 Expression 영역에 자동으로 입력됩니다.

3) Expression: 조건 표현식을 직접 입력하는 영역입니다. 조건에 따라 값이 어떻게 지정될지를 작성합니다.

4) Append Column: 작성한 조건 표현식의 결과를 새로운 컬럼으로 추가합니다. 기존 데이터를 유지하면서 결과 컬럼을 별도로 생성할 때 사용합니다.

5) Replace Column: 작성한 조건 표현식의 결과로 기존 컬럼의 값을 덮어씁니다. 원래의 컬럼 데이터를 조건에 따라 수정하고자 할 때 사용합니다.

전처리 과정에서는 문자열로 되어 있는 컬럼의 값을 숫자로 변환하여 처리하는 경우가 많습니다. 이번 실습에서는 'male'을 0, 'female'을 1로 변환하여 성별을 이진 변수로 표현합니다.

조건 표현식을 다음과 같이 작성합니다.

```
$성별$ = "male" => 0
TRUE => 1
```

조건 표현식에서 반환되는 값에 쌍따옴표(" ")가 없으면 숫자로, 쌍따옴표가 있으면 문자열로 인식됩니다. 여기서 TRUE는 '맞다/틀리다'의 의미가 아니라, 앞선 조건에 해당하지 않는 모든 나머지 경우를 의미합니다. 기존 컬럼의 인자를 대체하기 위해 Replace Column을 선택 후 기존 컬럼인 "성별"을 선택합니다.

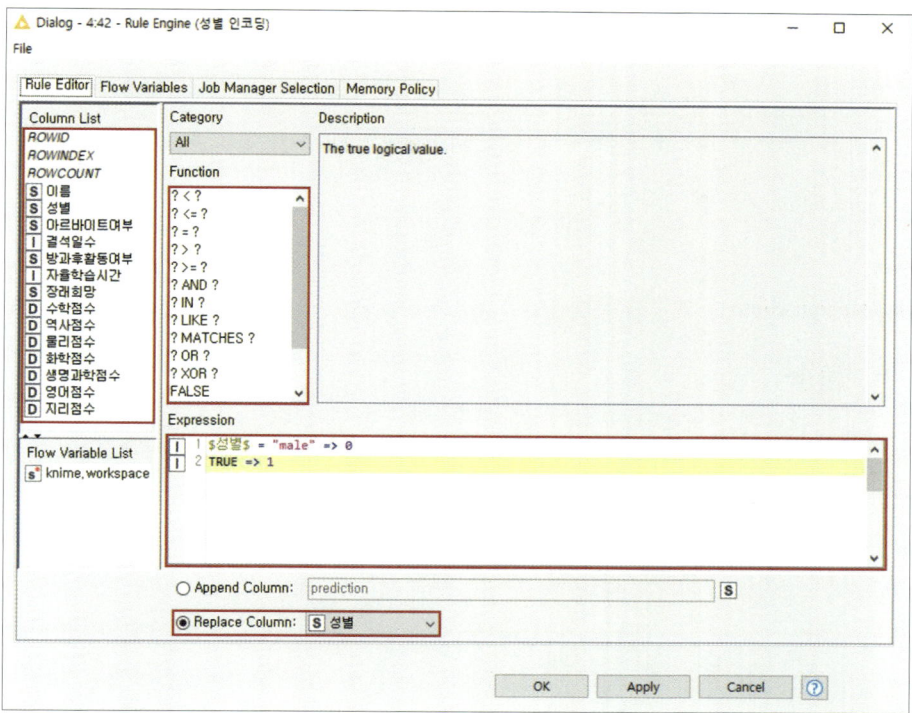

노드 결과

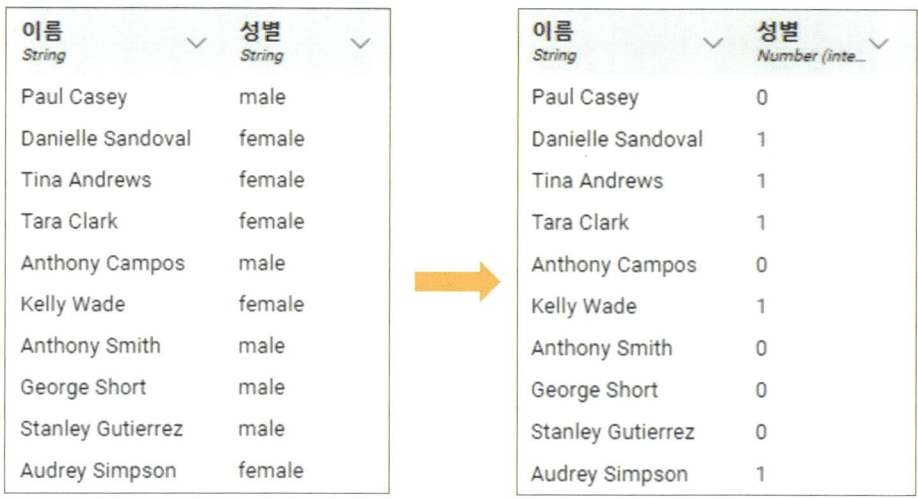

5.2 데이터 조작

String Manipulation 노드를 사용하여 '장래희망' 컬럼에서 값이 "Unknown"인 항목을 "장래희망 없음"으로 치환합니다.

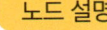
String Manipulation

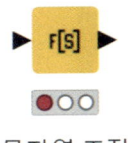

문자열 조작

String Manipulation 노드는 문자열을 중심으로 데이터를 조작하거나 가공할 때 사용하는 노드입니다. 문자열뿐만 아니라 숫자, 날짜 등 다양한 타입의 컬럼에서도 활용할 수 있으며, 내장된 함수를 사용해 값의 수정, 결합, 분리 등 다양한 변형 작업을 수행할 수 있습니다.

노드 설정

1) Column List: 데이터 조작에 사용할 수 있는 컬럼 목록입니다. 원하는 컬럼명을 더블 클릭하면 Expression 영역에 자동으로 삽입되어 함수나 연산식에 사용할 수 있습니다.

2) Function: String Manipulation 노드에서 제공하는 문자열 및 데이터 처리 함수 목록입니다. 함수를 선택하면 오른쪽 Description 영역에서 함수 설명을 확인할 수 있으며, 더블 클릭하면 Expression 영역에 자동으로 입력됩니다.

3) Expression: 데이터 가공을 위한 함수와 컬럼명을 조합해 입력하는 영역입니다. 값을 변경하거나 결합, 분리하는 등 다양한 변환 작업을 정의할 수 있습니다.

4) Append Column: 작성한 조건 표현식의 결과를 새로운 컬럼으로 추가합니다. 기존 데이터를 유지하면서 결과 컬럼을 별도로 생성할 때 사용합니다.

5) Replace Column: 작성한 조건 표현식의 결과로 기존 컬럼의 값을 덮어씁니다. 원래의 컬럼 데이터를 조건에 따라 수정하고자 할 때 사용합니다.

전처리 과정에서는 목적에 맞게 데이터를 변형하거나 가공하는 작업이 필요합니다. 이번 실습에서는 "장래희망" 컬럼에 "Doctor", "Lawyer", "Unknown" 등의 다양한 값이 포함되어 있는데, 이 중 "Unknown"을 "장래희망 없음"으로 변경합니다. 데이터 조작 함수인 replace를 먼저 선택하고, 빈칸에 다음과 같이 작성합니다.

replace($장래희망$, "Unknown", "장래희망 없음")

replace 함수는 특정 문자열을 다른 문자열로 치환할 때 사용되며, 이 예시에서는 "Unknown" 값을 "장례희망 없음"으로 바꾸는 역할을 합니다. 변경 결과를 기존 컬럼의 반영하기 위해 Replace Column 항목에서 '장래희망'을 선택합니다.

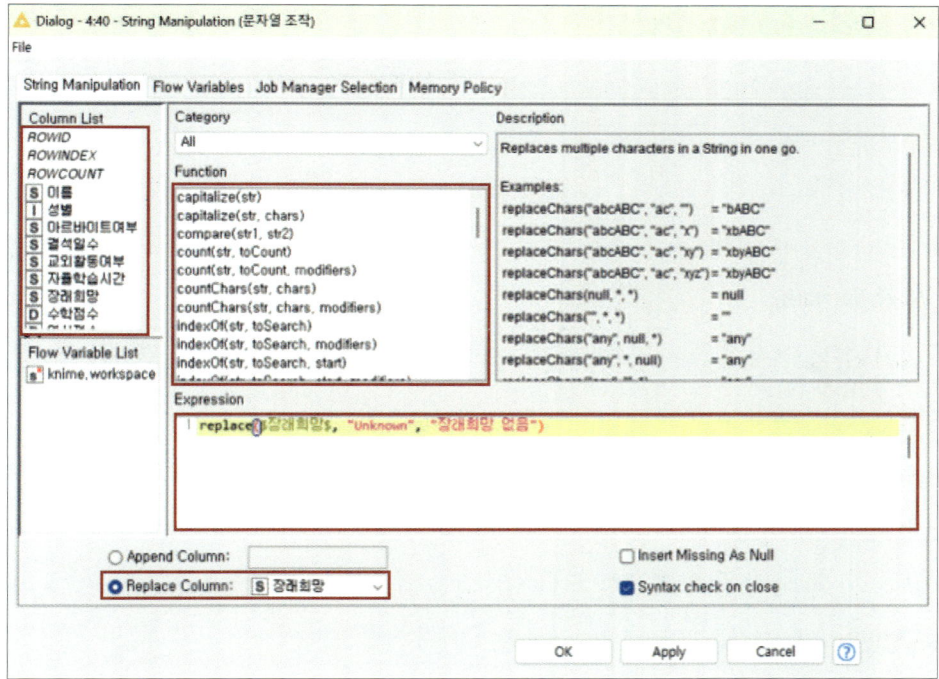

이름 *String*	장래희망 *String*
Paul Casey	Lawyer
Danielle Sandoval	Doctor
Tina Andrews	Government Officer
Tara Clark	Artist
Anthony Campos	Unknown
Kelly Wade	Unknown
Anthony Smith	Software Engineer
George Short	Software Engineer
Stanley Gutierrez	Unknown
Audrey Simpson	Teacher

이름 *String*	장래희망 *String*
Paul Casey	Lawyer
Danielle Sandoval	Doctor
Tina Andrews	Government Officer
Tara Clark	Artist
Anthony Campos	장래희망 없음
Kelly Wade	장래희망 없음
Anthony Smith	Software Engineer
George Short	Software Engineer
Stanley Gutierrez	장래희망 없음
Audrey Simpson	Teacher

5.3 Math Formula

Math Formula 노드를 사용하여 '전체 과목 점수의 평균을 계산하고, '평균점수' 컬럼을 생성합니다.

Math Formula

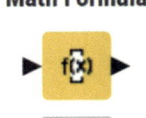

평균점수 계산

숫자형 컬럼을 기반으로 다양한 수학적 계산을 수행할 수 있는 노드입니다. 데이터 컬럼에 수식 적용, 연산 결과로 새로운 컬럼 생성이 가능합니다. 기본 연산부터 로그, 제곱, 조건문 등 복잡한 수식도 처리할 수 있어 데이터 전처리에 매우 유용합니다.

1) Column List: 수식에 사용할 수 있는 컬럼 목록이 표시되며, 컬럼명을 더블 클릭하면 Expression 입력창에 자동으로 추가됩니다.

2) Function: SUM, LOG, IF, MEAN 등 다양한 수학 함수를 제공하며, 함수명을 클릭하면 수식에 쉽게 삽입할 수 있습니다.

3) Description: 선택한 함수의 설명이 표시되어, 함수의 사용 방법이나 인자에 대한 이해

를 도와줍니다.

4) Expression: 실제 연산을 작성하는 공간으로, 컬럼과 함수를 조합하여 계산식, 조건문 등 다양한 수식을 입력할 수 있습니다.

5) Append Column/Replace Column: 연산 결과를 지정할 컬럼을 지정합니다. Append Column은 새 컬럼으로 결과를 저장하고, Replace Column은 기존 컬럼을 덮어씁니다.

6) Convert to Int: 연산 결과를 정수형(Integer)으로 변환하고 싶을 때 체크합니다. 소수점이 제거된 결과가 필요할 경우 유용합니다.

전처리 과정에서는 목적에 맞게 데이터를 변형하거나 계산하는 작업이 필요합니다. 이번 실습에서는 여러 과목 점수를 활용해 학생 개인의 평균점수를 계산합니다. 수학, 역사, 물리, 화학, 생명과학, 영어, 지리 과목의 평균을 구하기 위해 average 함수를 사용하며, Expression 영역에 다음과 같이 작성합니다.

> average($수학점수$, $역사점수$, $물리점수$, $화학점수$,
> $생명과학점수$, $영어점수$, $지리점수$)

계산된 평균점수는 새 컬럼으로 추가하기 위해, Append Column을 선택하고 '평균점수'로 컬럼명을 지정합니다. 필요에 따라 Convert to Int 옵션을 활성화하여 평균을 정수로 변환할 수도 있습니다.

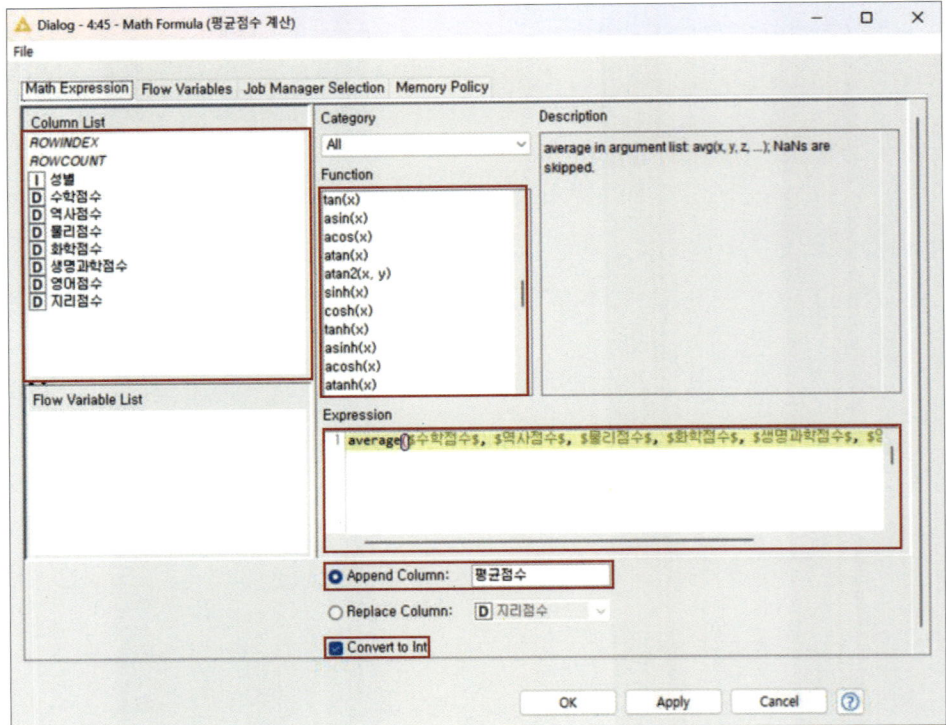

> ### 노드 결과

수학점수 Number (dou...	역사점수 Number (dou...	물리점수 Number (dou...	화학점수 Number (dou...	생명과학... Number (dou...	영어점수 Number (dou...	지리점수 Number (dou...	평균점수 Number (inte...
73	81	93	97	63	80	87	82
90	86	96	100	90	88	90	91
81	97	95	96	65	77	94	86
71	74	88	80	89	63	86	79
84	77	65	65	80	74	76	74
93	100	67	78	72	80	84	82
99	96	97	73	88	76	64	85
95	95	82	63	84	70	85	82
94	68	94	85	81	74	72	81

6. 데이터 집계 및 시각화

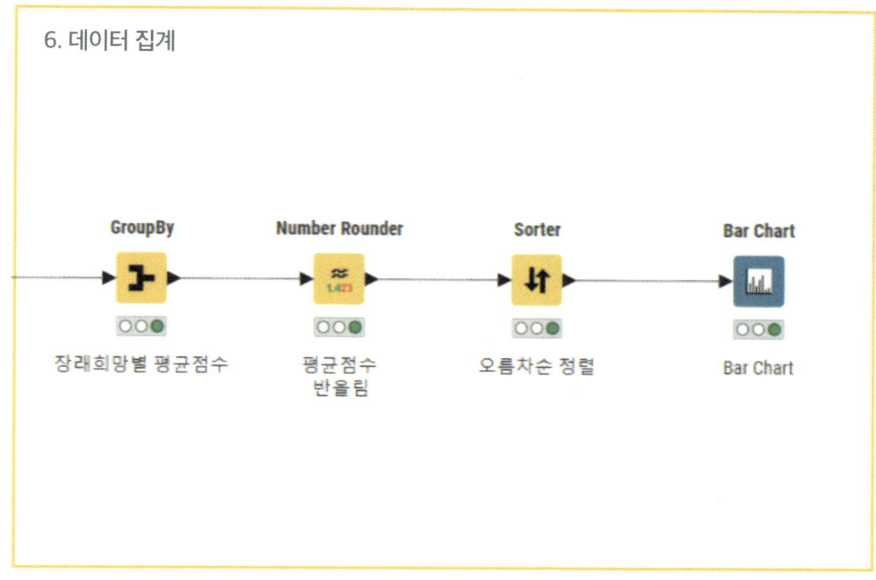

6. 데이터 집계

GroupBy · Number Rounder · Sorter · Bar Chart

장래희망별 평균점수 · 평균점수 반올림 · 오름차순 정렬 · Bar Chart

Workflow 과정

6.1 데이터 집계

전처리된 데이터를 기반으로, GroupBy 노드를 사용하여 '장래희망' 컬럼을 기준으로 그룹화한 뒤, 각 그룹에 해당하는 '평균점수'의 평균값을 계산합니다. 장래희망별로 학생들의 평균 성적 수준을 비교할 수 있습니다.

GroupBy

장래희망별 평균점수

노드 설명

GroupBy 노드는 선택한 컬럼을 기준으로 데이터를 그룹화하고, 각 그룹에 대해 합계, 평균, 개수 등의 집계 연산을 수행할 때 사용합니다. 지정한 그룹 컬럼의 고유값에 따라 결과가 구분되어 출력됩니다.

1) Groups: 그룹화 기준이 되는 컬럼을 선택합니다. "장래희망"을 그룹의 기준으로 사용함으로 "Group Column(s)" 영역으로 이동시킵니다.

2) Manual Aggregation: 집계할 대상 컬럼과 집계 방법을 선택하는 영역입니다.

　① Available Columns: 집계할 수 있는 컬럼 목록이 표시됩니다. "평균점수" 컬럼을 선택한 후, "add" 버튼을 클릭하여 오른쪽으로 이동시킵니다.

　② Aggregation (click to change): 선택한 컬럼에 대해 어떤 방식으로 값을 집계할지 설정합니다. 예를 들어, 평균점수 컬럼은 학생 개인의 평균점수를 나타내므로 장래희망별 평균을 구하기 위해 집계 방식으로 Mean(평균점수)을 선택합니다.

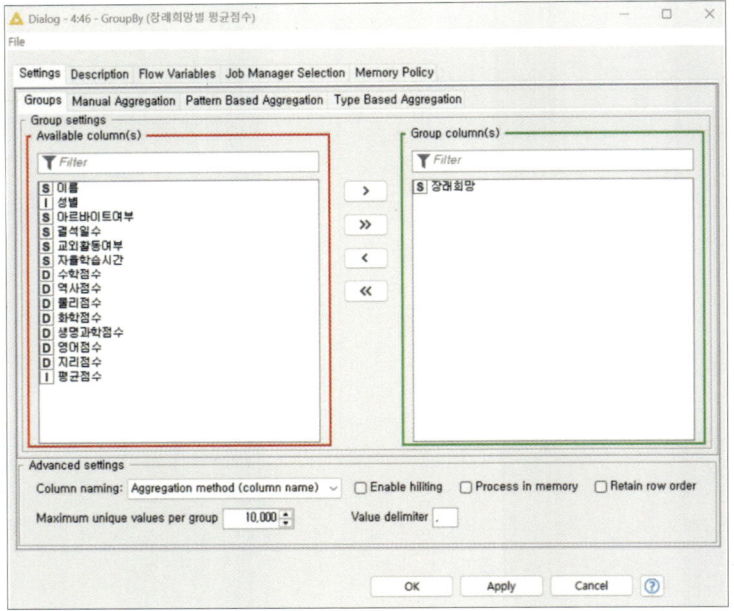

3) Advanced settings – Column naming: 집계 대상 컬럼과 집계 방법을 선택하면 새로운 컬럼이 생성됩니다. 새로운 컬럼명을 어떤 형식으로 표시할지를 설정하는 옵션이 Aggregation Method입니다. 결과 컬럼명을 통해 어떤 집계 방식이 적용되었는지 직관적으로 확인하려면, 일반적으로 Aggregation method (column name) 옵션을 사용합니다.

　① Keep original name(s): 집계 방식은 표시하지 않고, 원래 컬럼명만 그대로 사용합니다.

(예: 평균점수)

② Aggregation method (column name): 집계 방식이 먼저 오고, 컬럼명은 괄호 안에 함께 표시됩니다. (예: Mean(평균점수))

③ Column name (Aggregation method): 컬럼명이 먼저 오고, 집계 방식은 괄호 안에 함께 표시됩니다. (예: 평균점수(Mean))

②, ③은 동일한 컬럼에 여러 집계 방식을 적용할 때, 결과 컬럼마다 어떤 방식이 사용되었는지 쉽게 알아볼 수 있습니다.

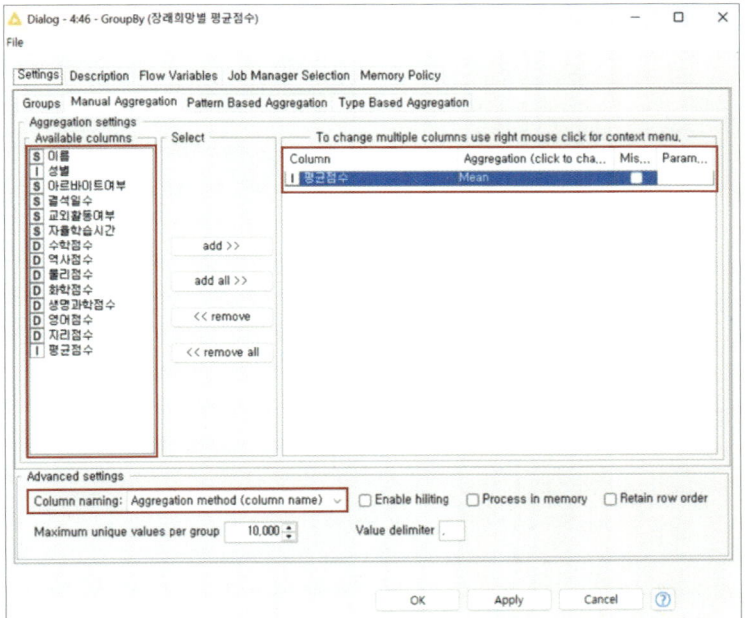

노드 결과

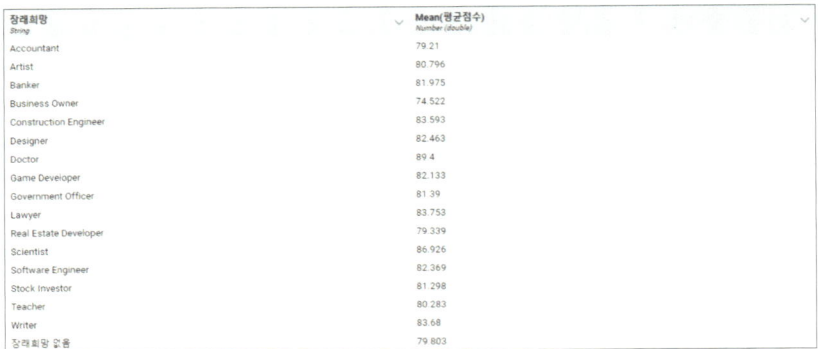

6.2 데이터 소수점 처리

Number Rounder 노드를 사용하여 GroupBy 결과로 생성된 "Mean(평균점수)" 컬럼의 소수점 자리를 소수 첫째 자리까지 반올림을 합니다.

Number Rounder

평균점수
반올림

Number Rounder 노드는 반올림 방식을 선택하여, 소수점이 포함된 숫자형 컬럼의 값을 원하는 자릿수로 반올림할 때 사용하는 노드입니다.

1) Excludes/Includes: 반올림할 컬럼을 선택합니다. 'Mean(평균점수)' 컬럼을 오른쪽의 Includes에 추가합니다.

2) Rounding mode: 반올림 방식을 선택합니다.

  ① Decimals: 지정한 소수점 자릿수까지 반올림합니다.

  ② Significant digits: 지정한 유효 숫자 개수를 유지합니다.

  ③ Integer: 소수점 이하를 제거하고 정수로 변환합니다.

3) Rounding to digits: 소수점 자릿수를 지정합니다. (ex. 1로 설정 시, 소수점 첫째 자리까지 반올림)

4) Rounding method: 반올림의 방법을 설정합니다.

  ① Standard: 일반적인 반올림 방법으로, 5 이상은 올리고 4 이하는 버리는 방법입니다.

  ② Others: 기준 방향에 따라 6가지 방식 중 선택할 수 있습니다. (0 기준, 크기 기준, 0.5 처리 방식 등)

5) Replace: 기존 컬럼 값을 덮어씁니다.

6) Append with suffix: 기존 컬럼은 유지하고, 새로운 컬럼을 생성해 반올림 값을 추가합니다.

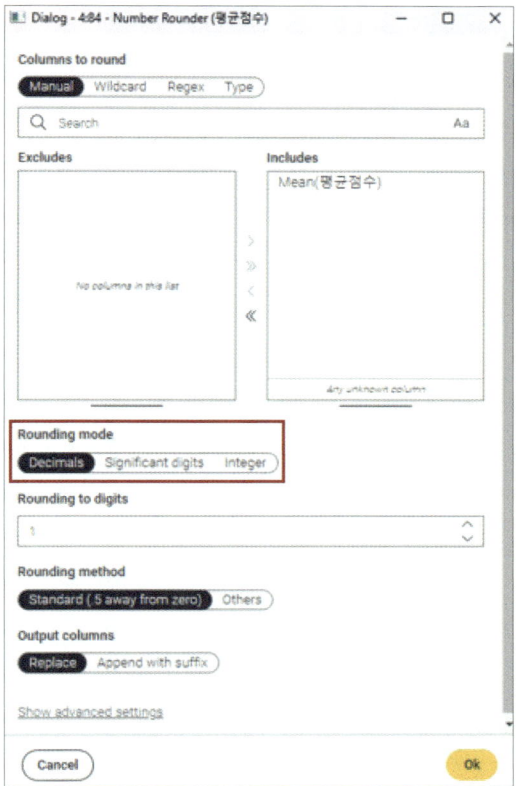

노드 결과

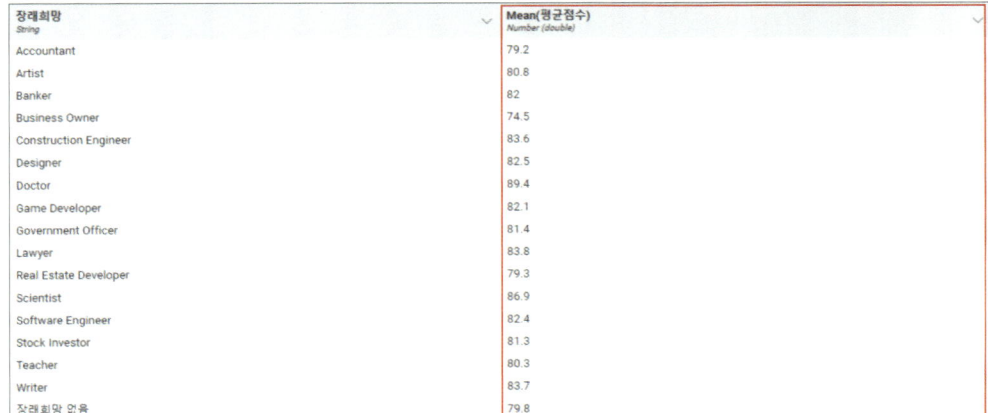

6.3 데이터 정렬

Sorter 노드를 사용하여 'Mean(평균점수)' 컬럼의 값을 오름차순으로 정렬합니다. 데이터를 오름차순으로 정렬하여 점수가 낮은 순서대로 확인할 수 있습니다.

Sorter

오름차순 정렬

노드 설명

Sorter 노드는 선택한 컬럼을 오름차순이나 내림차순으로 정렬할 때 사용하는 노드입니다. 2개 이상의 컬럼을 다중 선택하여 정렬 우선순위에 따라 순차적으로 정렬할 수 있습니다.

노드 설정

1) Add sorting criterion: 버튼을 클릭하여 정렬하고자 하는 Column을 선택할 수 있습니다. 여러 개의 Column을 선택하여 정렬 기준을 추가할 수 있습니다. 'Mean(평균점수)' Column 을 선택합니다.

2) Order: 지정한 컬럼에 대해 Ascending(오름차순) 또는 Descending(내림차순) 중 하나의 정렬 방식을 선택할 수 있습니다. 'Mean(평균점수)'의 정렬 방법을 Ascending(오름차순)으로 선택합니다.

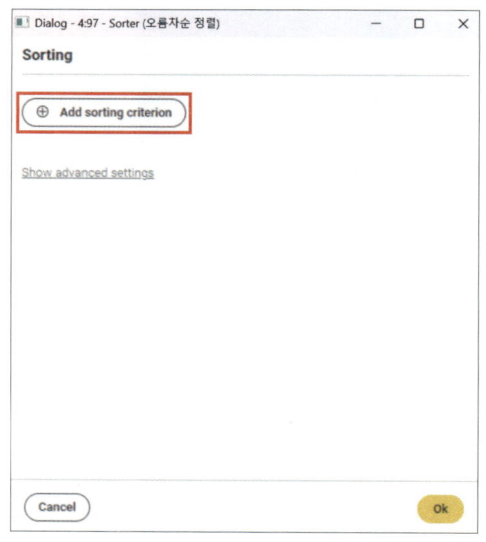

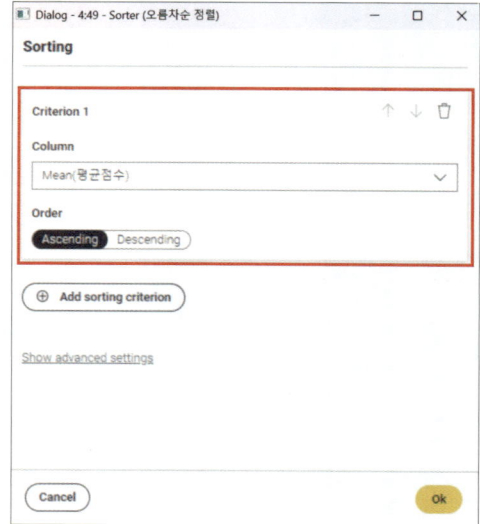

장래희망 String	Mean(평균점수) Number (double)
Business Owner	74.5
Accountant	79.2
Real Estate Developer	79.3
장래희망 없음	79.8
Teacher	80.3
Artist	80.8
Stock Investor	81.3
Government Officer	81.4
Banker	82
Game Developer	82.1
Software Engineer	82.4
Designer	82.5
Construction Engineer	83.6
Writer	83.7
Lawyer	83.8
Scientist	86.9
Doctor	89.4

6.4 Bar Chart 시각화

Bar Chart 노드를 사용하여 장래희망별 평균점수 집계 결과를 막대 그래프(Bar chart)로 시각화 합니다.

Bar Chart

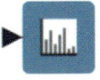

Bar Chart

노드 설명

막대 그래프(Bar chart) 노드는 선택한 컬럼을 기준으로 데이터를 시각화 할 수 있는 막대 그래프를 생성하는 데 사용하는 노드입니다. 차트의 축, 그룹 항목, 색상 등을 사용자가 직접 설정하여 원하는 형태로 시각화할 수 있습니다.

노드 설정

1) Category dimension: 차트의 X축이 되는 "범주형 컬럼"을 선택합니다. 이 옵션은 문자열(String) 타입의 컬럼만 선택할 수 있으며, "장래희망"별 평균점수를 확인하기 위해 "장래희망" 컬럼을 선택합니다.

2) Aggregation: X축으로 설정한 "범주형 컬럼에 대해 적용할 집계 방법"을 선택합니다. "장래희망" 컬럼을 기준으로 진행하기에 'None' 또는 'Average'를 선택할 수 있습니다. 평

균값은 GroupBy 노드에서 이미 계산되었으므로 'None'을 선택해도 되지만, Bar Chart의 집계 기능을 확인하기 위해 'Average'를 사용합니다.

① None: 지정한 Column의 모든 행이 막대로 표시됩니다.

② Occurrence count: 지정한 Column의 행의 빈도 값이 막대로 표시됩니다.

③ Sum: 지정한 Column의 집계된 합계가 막대로 표시됩니다.

④ Average: 지정한 Column의 집계된 평균이 막대로 표시됩니다.

3) Frequency dimensions: 차트의 Y축에 사용할 수치형 컬럼을 선택합니다. 이번 실습에서는 'Mean(평균점수)' 컬럼을 선택하여 'Includes' 박스로 이동시킵니다.

※ 단, Aggregation에서 'Occurrence count'를 선택한 경우에는 이 항목이 비활성화됩니다.

4) Plot

① Title: 차트의 제목을 입력합니다. '장래희망별 평균점수'로 입력합니다.

② Category axis label: X축의 제목을 입력합니다. '장래희망'으로 입력합니다.

③ Frequency axis label: Y축의 제목을 입력합니다. '평균점수'로 입력합니다.

④ Orientation: Vertical을 선택하면 막대 차트가 수직 방향, Horizontal을 선택하면 수평 방향으로 나타납니다. Vertical(수직)을 선택합니다.

⑤ Show bar values: 선택 시 막대 위에 해당 값이 함께 표시됩니다.

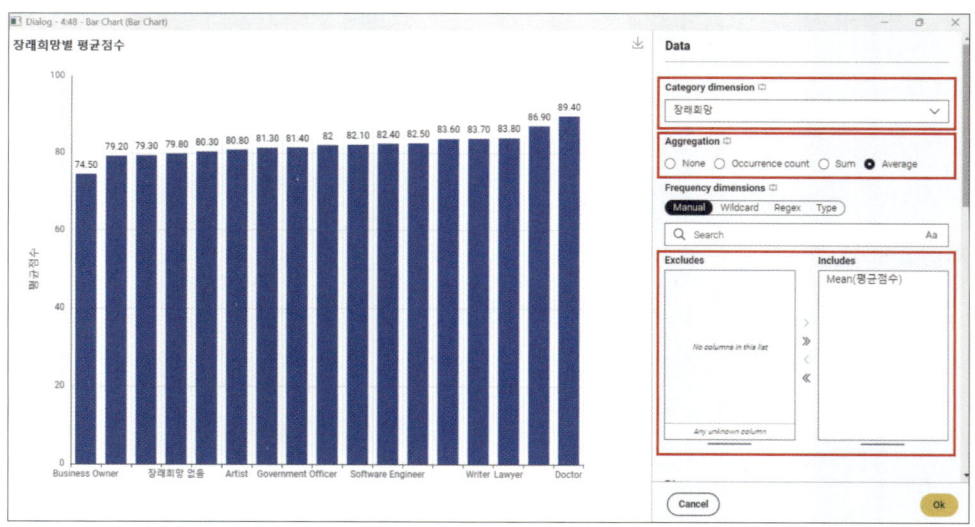

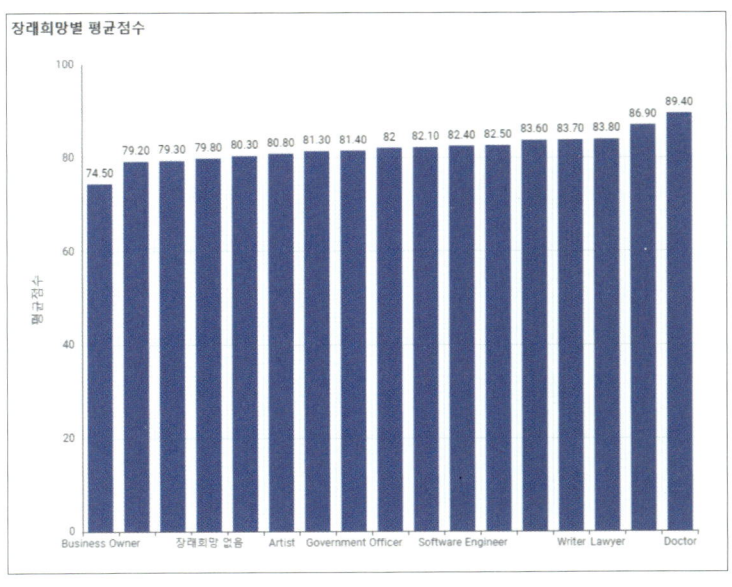

Plot

Title
장래희망별 평균점수

Category axis label
장래희망

Frequency axis label
평균점수

Frequency axis limits
● Automatic ○ Manual

Orientation
● Vertical ○ Horizontal

Arrange bars
● Grouped ○ Stacked

Bar groups
○ Frequency dimensions
● Category values

☐ Display legend
☑ Show bar values

노드 결과

Bar Chart를 통해 장래희망별 평균점수를 한눈에 파악할 수 있습니다. 해당 차트에서는 'Business Owner'를 장래희망으로 선택한 학생들의 평균점수가 가장 낮고, 'Doctor'를 선택한 학생들의 평균점수가 가장 높은 것으로 나타났습니다.

4강

KNIME

데이터 분석 실습

본 장에서는 공공 데이터 포털 사이트에서 제공하는 '한국수력원자력 전원별 전력판매량 현황 데이터'와 잘레시아에서 직접 생성한 다양한 데이터를 활용하여, 여러 데이터 간의 조인(Join)과 심화된 데이터 전처리 실습을 진행합니다.

전처리가 완료된 데이터를 기반으로 다중 회귀 분석(Linear regression)을 수행하여 머신러닝 예측 모델을 구성합니다. 실습에 사용되는 데이터는 잘레시아(Zalesia) 공식 네이버 블로그*에서 다운로드 받을 수 있으며, 관련 교육 영상은 잘레시아 공식 유튜브 채널**을 통해 확인하실 수 있습니다.

잘레시아 공식 네이버 블로그   잘레시아 공식 유튜브 채널

이번 실습은 심화 학습을 목표로 하여, 이를 위해 다양한 데이터를 활용합니다. 총 네 가지 데이터셋이 사용되며, 이는 전량 판매량을 예측하기 위한 기반 데이터로 활용됩니다.

첫번째 데이터는 Electricity_sales로, 발전소 명칭, 측정 일자(년, 월, 일), 시간대별 전력 판매량으로 구성되어 있습니다. 이 데이터는 머신러닝에서 예측하게 될 Y값(종속변수)이 포함된 핵심 데이터입니다.

두 번째 데이터는 날짜 데이터로, 전력 판매량 데이터에 대응되는 기준날짜 정보를 알 수 있는 데이터입니다.

세 번째 데이터는 공휴일 정보 데이터로, 날짜 데이터에 매핑 가능한 공휴일 정보가 담겨 있는 데이터입니다.

네 번째 데이터는 기상 데이터로, 발전소 위치에 따른 기상 정보로 일시, 평균기온, 강수량, 풍속, 습도, 일사량 등의 정보가 담겨있습니다. 이 중 첫 번째 데이터를 제외한 세 가지의

---

*   blog.naver.com/zalesia2020
**   www.youtube.com/Zalesia

데이터는 잘레시아에서 자체 수집하고 정제한 데이터로, 실제 공공 데이터와는 다를 수 있으며, 이들은 모두 X값(독립변수)로 사용하기 위한 데이터로 실제와는 다를 수 있습니다.

■ Electricity_sales (전력 판매량 데이터)

No.	Column명	Column설명	Ex.	데이터 타입
1	YYYY-MM-DD	전력 판매량 측정 년, 월, 일	2023-01-01	String
2	발전소	발전소	고리태양광	String
3	1H	1시 전력 판매량	0	Number(double)
4	2H	2시 전력 판매량	0	Number(double)
5	3H	3시 전력 판매량	0	Number(double)
6	4H	4시 전력 판매량	0	Number(double)
7	5H	5시 전력 판매량	0	Number(double)
8	6H	6시 전력 판매량	0	Number(double)
9	7H	7시 전력 판매량	0	Number(double)
10	8H	8시 전력 판매량	18.72	Number(double)
11	9H	9시 전력 판매량	781.92	Number(double)
12	10H	10시 전력 판매량	2522.16	Number(double)
13	11H	11시 전력 판매량	3431.16	Number(double)
14	12H	12시 전력 판매량	3919.32	Number(double)
15	13H	13시 전력 판매량	4011.84	Number(double)
16	14H	14시 전력 판매량	3766.32	Number(double)
17	15H	15시 전력 판매량	3175.56	Number(double)
18	16H	16시 전력 판매량	2199.6	Number(double)
19	17H	17시 전력 판매량	559.8	Number(double)
20	18H	18시 전력 판매량	5.76	Number(double)
21	19H	19시 전력 판매량	0	Number(double)
22	20H	20시 전력 판매량	0	Number(double)
23	21H	21시 전력 판매량	0	Number(double)
24	22H	22시 전력 판매량	0	Number(double)
25	23H	23시 전력 판매량	0	Number(double)
26	24H	24시 전력 판매량	0	Number(double)
27	지역	발전소가 위치한 지역	부산	String

▪ YYYY-MM-DD (날짜 정보 데이터)

No.	Column명	Column 설명	Ex.	데이터 타입
1	YYYY-MM-DD	2023년의 날짜	2023-01-01	String
2	Day_Name	날짜별 요일(한글)	일요일	String
3	Day_Number	날짜별 요일(숫자)	6	Number(integer)

▪ 공휴일 정보 데이터

No.	Column명	Column 설명	Ex.	데이터 타입
1	YYYYMMDD	공휴일 날짜	2023-01-01	String
2	공휴일	공휴일 종류	1월1일	String
3	공휴일_Feature	공휴일 여부	1	Number(integer)

▪ 기상 데이터

No.	Column명	Column 설명	Ex.	데이터 타입
1	지점명	기상 데이터 수집 지점	부산	string
2	일시	기상 데이터 수집 년, 월, 일	2023-01-01	string
3	평균기온(℃)	시간별 기온의 평균	4	Number(double)
4	일강수량(mm)	시간별 강수량의 합계	0	Number(double)
5	평균 풍속(m/s)	시간별 풍속의 평균	2.1	Number(double)
6	평균 상대습도(%)	시간별 상대습도의 평균	43.8	Number(double)
7	합계 일사량(MJ/m2)	시간별 일사량의 합계	11.06	Number(double)

전체 Workflow 과정

1. 데이터 불러오기

Workflow 과정

1.1 CSV 파일 가져오기

본 실습에서는 CSV Reader 노드를 활용하여 발전소, 요일, 기상 정보가 포함된 CSV 파일을 KNIME으로 불러옵니다.

CSV Reader

발전소 데이터

노드 설명

CSV Reader 노드는 CSV 형식의 파일을 KNIME Workflow로 불러오는 데 사용됩니다. 해당 노드를 더블 클릭하면, 설정창이 열립니다.

1) Settings – Input location

① Read from – Local File System: Local 시스템에 있는 파일을 가져오도록 기본 경로를 'Local File System'으로 지정합니다.

② Mode – File: 단일 CSV 파일을 불러오기 위해 'File'을 선택합니다.

③ File: 'Browse' 버튼을 클릭하여 불러오려는 파일의 경로를 지정합니다.

2) Settings – Preview: 불러온 데이터를 미리 확인합니다.

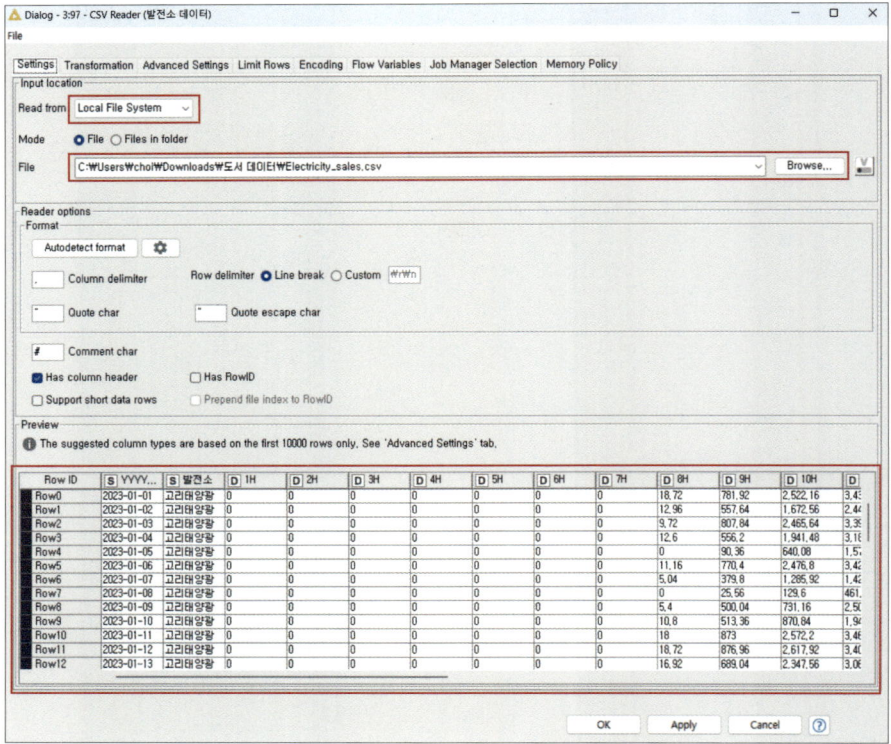

1.2 Excel 파일 가져오기

Excel Reader 노드를 사용하여 공휴일 데이터가 담긴 Excel 파일을 불러옵니다.

Excel Reader

공휴일 데이터

Excel Reader 노드는 Excel 형식의 파일을 KNIME Workflow로 불러오는 데 사용됩니다.

노드 설정

1) File and Sheet – Input location

① Read from – Local File System: Local 시스템에 있는 파일을 가져오도록 기본 경로를 'Local File System'으로 지정합니다.

② Mode – File: 단일 파일을 불러오기 위해 'File'을 선택합니다.

③ File: 'Browse' 버튼을 클릭하여 불러오려는 파일의 경로를 지정합니다.

2) File and Sheet – Preview: 불러온 데이터를 미리 확인합니다.

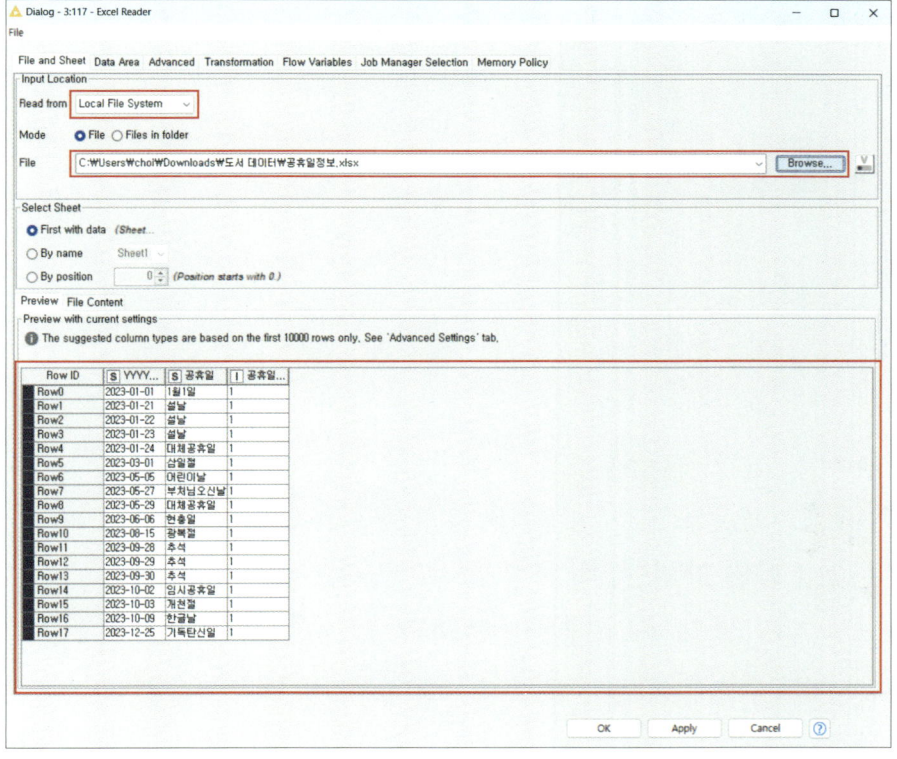

2. 데이터 병합 (JOIN)

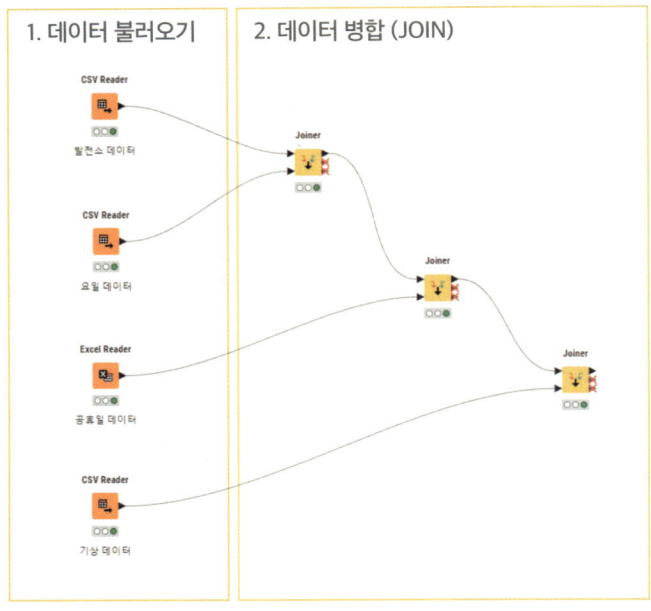

Workflow 과정

2.1 데이터 추가(조인)하기

데이터 불러오기 이후, 여러 개의 Joiner 노드를 사용하여 기존 테이블에 다중 데이터를 추가(조인)합니다.

Joiner

조인

노드 설명

Joiner 노드는 기준 테이블에 다른 테이블을 특정 키 기준으로 추가할 때 사용할 수 있습니다. 상단/하단 Input 포트에 조인하고 싶은 테이블을 연결합니다.

Joiner 노드 설정 1 (요일 정보 조인)

이번 단계에서는 CSV Reader노드를 사용하여 요일 데이터를 KNIME으로 가져오고, Joiner 노드를 사용하여 발전소 데이터와 조인합니다. 발전소 데이터는 상단 포트(Left table)에 입력하고, 추가할 요일 데이터는 하단 포트(Right table)에 입력합니다.

1) Matching Criteria (조인 키 지정)

좌측 테이블과 우측 테이블에서 조인 기준이 되는 Column을 지정합니다. 한 개 이상의 조인 키를 지정해야 하며, '+ Add matching criterion' 버튼을 사용하여 조인 키를 추가할 수 있습니다.

① Top Input ('left' table): 좌측 테이블에서 'YYYY-MM-DD' Column을 조인 키로 선택합니다.

② Bottom Input ('right' table): 우측 테이블에서 'YYYY-MM-DD' Column을 조인 키로 선택합니다.

2) Include in Output (조인 방법 선택)

조인 결과를 어떤 방법으로 출력할지 선택합니다. 세 개의 옵션을 다중으로 선택할 수 있으며, 우측의 벤 다이어그램을 통해 선택한 조인 방법을 시각적으로 확인할 수 있습니다. 'Matching rows'와 'Left unmatched rows'를 다중 선택하여 'Left join'을 출력합니다.

① Matching rows: 조인 키 기준으로 양쪽 테이블에서 일치하는 행만 표시합니다.

② Left unmatched rows: 좌측 테이블 기준으로 조인 키와 일치하지 않는 행을 표시합니다.

③ Right unmatched rows: 우측 테이블 기준으로 조인 키와 일치하지 않는 행을 표시합니다.

3) Output Columns – Merge join Columns

이 항목에 체크하면 결과 테이블에서 양쪽 테이블의 조인 Column이 한 개의 Column으로 병합되어 출력됩니다. Column명이 다를 경우, '좌측 테이블 Column = 우측 테이블 Column'으로 표시됩니다.

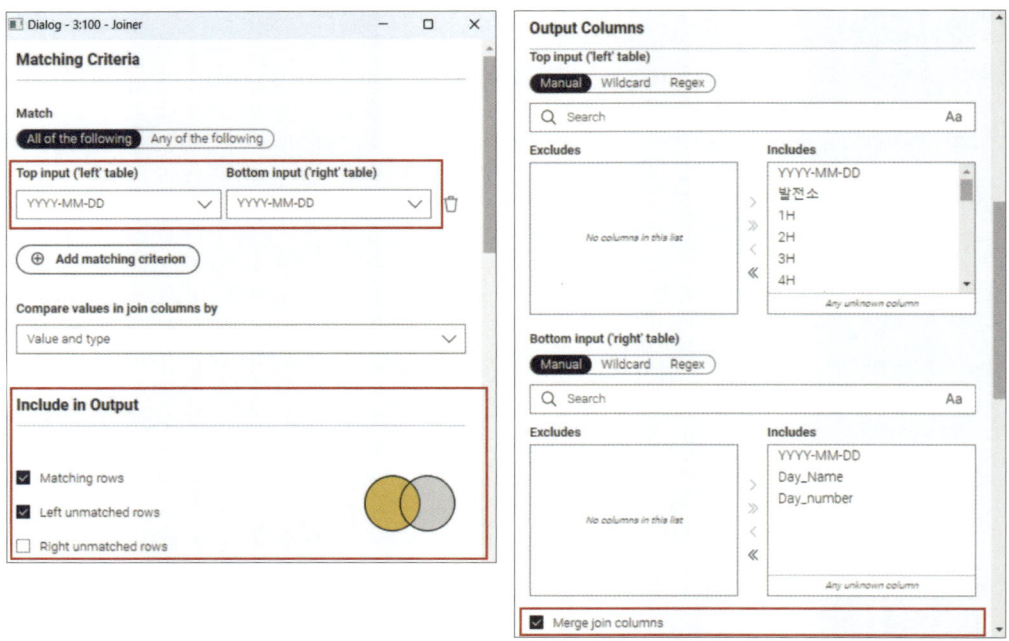

좌측 테이블의 모든 행(Row)이 유지되므로, Row 개수는 변하지 않고 대신 테이블이 옆으로 추가되어 전체 Column 수가 증가합니다.

발전소 데이터 & 요일 데이터 JOIN 결과

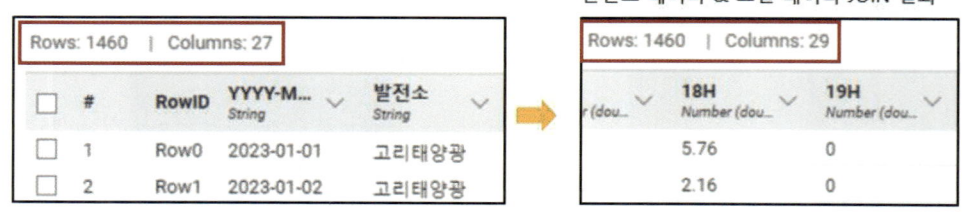

Joiner 노드 설정 2 (공휴일 정보 조인)

이번 단계에서는 Excel Reader 노드를 사용하여 공휴일 데이터를 KNIME으로 가져옵니다. 그리고 Joiner 노드를 사용하여 기존 데이터와 조인합니다. 기존 데이터는 상단 포트(Left table)에 입력하고, 추가할 공휴일 데이터는 하단 포트(Right table)에 입력합니다.

1) Matching Criteria (조인 키 지정)

좌측 테이블과 우측 테이블에서 조인 기준이 되는 Column을 지정합니다. 한 개 이상의 조인 키를 지정해야 하며, '+ Add matching criterion' 버튼을 사용하여 조인 키를 추가할 수 있습니다.

① Top Input ('left' table): 좌측 테이블에서 'YYYY-MM-DD' Column을 조인 키로 선택합니다.

② Bottom Input ('right' table): 우측 테이블에서 'YYYY-MM-DD' Column을 조인 키로 선택합니다.

2) Include in Output (조인 방법 선택)

조인 결과를 어떤 방법으로 출력할지 선택합니다. 'Matching rows'와 'Left unmatched rows'를 다중 선택하여 'Left join'을 출력합니다.

3) Output Columns – Merge join Columns

이 항목에 체크하면 Matching Criteria에서 설정한 조인 키가 결과 테이블에서 하나의 컬럼으로 합쳐져 출력됩니다. 좌측 테이블과 우측 테이블의 조인 키 컬럼명이 동일한지 여부에 따라, 결과 테이블의 출력 결과가 달라집니다.

좌측 테이블과 우측 테이블의 join 키 컬럼명이 동일한 경우, 결과 테이블에는 동일한 컬럼명이 하나의 컬럼으로 출력됩니다. (예: 좌: YYYY-MM-DD, 우: YYYY-MM-DD → 결과 컬럼: YYYY-MM-DD) 현재 실습 과정은 조인 키 컬럼명이 같기 때문에 이 방식으로 출력됩니다.

좌측 테이블과 우측 테이블의 join 키 컬럼명이 동일하지 않은 경우, 결과 테이블에는 "좌측컬럼 = 우측컬럼" 형식으로 병합된 컬럼이 하나 생성되어 출력됩니다. (예: 좌: 기준일, 우: YYYY-MM-DD → 결과 컬럼: 기준일 = YYYY-MM-DD)

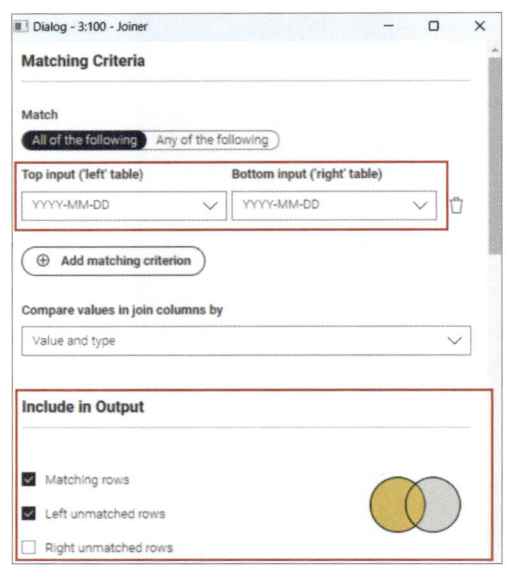

좌측 테이블의 모든 행이 유지되므로, Row 개수는 변하지 않고 테이블이 옆으로 추가되어 Column 수가 증가합니다. 이때, 우측 테이블에 일치하는 키 값이 없는 경우 해당 값은 'null'로 채워집니다.

기존 데이터 & 공휴일 데이터 JOIN 결과

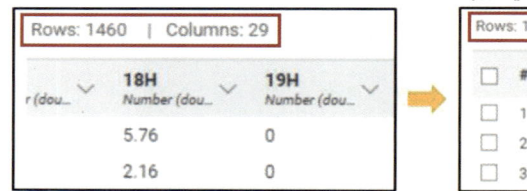

* Joiner 노드 설정 3 (기상 정보 조인)

이번 단계에서는 CSV Reader 노드를 사용하여 기상 데이터를 KNIME으로 가져오고, Joiner 노드를 사용하여 기존 데이터와 조인합니다. 기존 데이터는 상단 포트(Left table)에 입력하고, 추가할 기상 데이터는 하단 포트(Right table)에 입력합니다.

1) Matching Criteria (조인 키 지정)

좌측 테이블과 우측 테이블에서 조인 기준이 되는 Column을 지정합니다. 한 개 이상의 조인 키를 지정해야 하며, '+ Add matching criterion' 버튼을 사용하여 조인 키를 추가할 수 있습니다.

① Top Input ('left' table): 좌측 테이블에서 'YYYY-MM-DD' Column을 조인 키로 선택합니다.

② Bottom Input ('right' table): 우측 테이블에서 'YYYY-MM-DD' Column을 조인 키로 선택합니다.

③ 'Add matching criterion' 버튼을 눌러 조인 키를 추가합니다.

④ Top Input ('left' table): 좌측 테이블에서 '지역' Column을 조인 키로 선택합니다.

⑤ Bottom Input ('right' table): 우측 테이블에서 '지점명' Column을 조인 키로 선택합니다.

2) Include in Output (조인 방법 선택)

조인 방법을 선택합니다. 'Matching rows'와 'Left unmatched rows'를 다중 선택하여 'Left join'을 출력합니다.

① Matching rows: 조인 키 기준으로 일치하는 행만 표시합니다.

② Left unmatched rows: 좌측 테이블에서 조인 키 기준으로 일치하지 않는 행만 표시합니다.

③ Right unmatched rows: 우측 테이블에서 조인 키 기준으로 일치하지 않는 행만 표시합니다.

3) Output Columns – Merge join Columns

이 항목을 체크하면 한 개의 Column으로 병합하여 출력합니다.

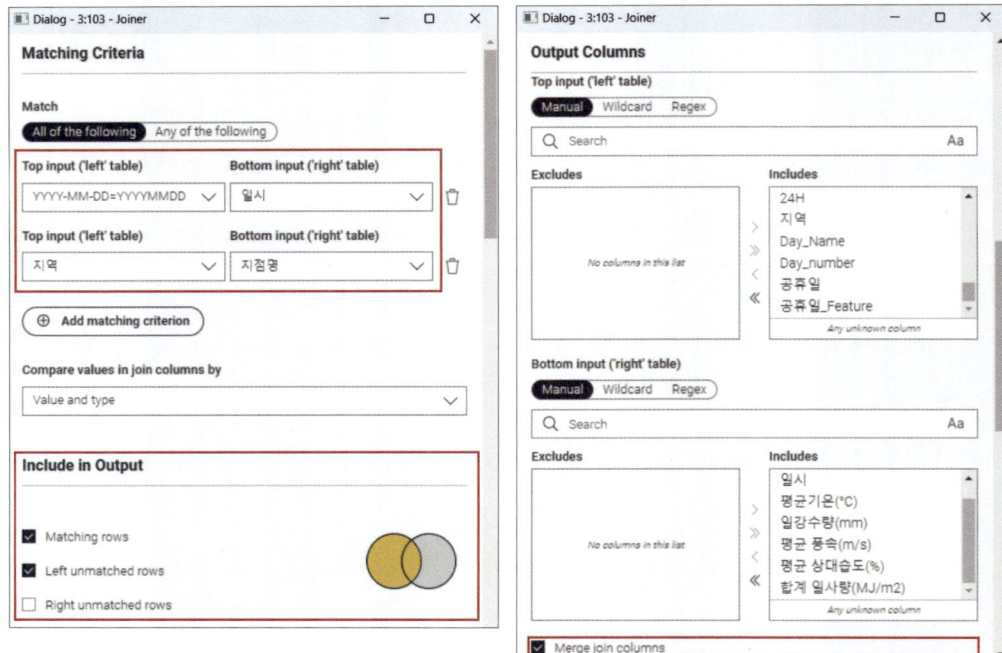

노드 결과

모든 행이 일치하므로, Row 개수는 변하지 않고 테이블이 옆으로 추가되어서 Column 수가 늘어납니다.

발전소 데이터 & 요일 데이터 JOIN 결과

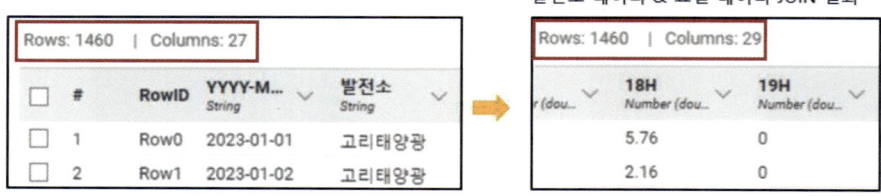

3. 데이터 전처리

데이터를 불러와 병합한 후에는 분석을 위한 정제 과정이 필요합니다.

결측값 처리, 컬럼 이름 및 순서 정리 등 전체 테이블을 정돈하는 과정은, 이후 데이터 분석을 보다 정확하고 효율적으로 수행하기 위해 반드시 선행되어야 합니다. 이번 장에서 진행할 Workflow는 다음과 같습니다.

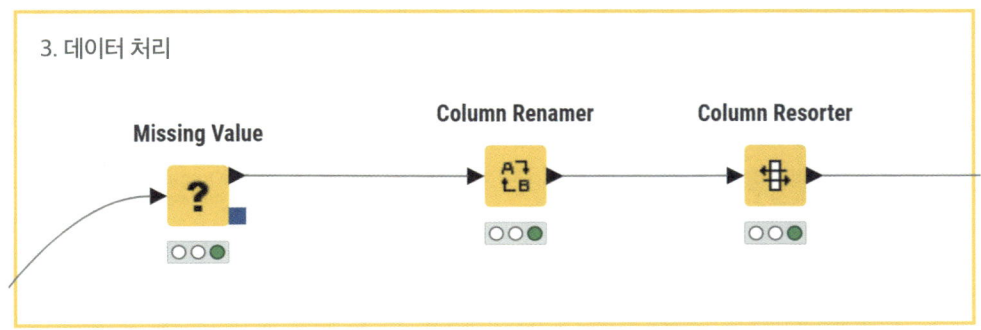

Workflow 과정

3.1 결측값 처리

Missing Value

노드 설명

Missing Value 노드는 테이블의 셀에 있는 결측값을 제거하거나, 다른 값으로 대체할 수 있습니다. 결측값이 포함된 행 전체를 삭제하거나, 결측값을 지정한 값으로 대체함으로써 이후 데이터 분석 과정에서 발생할 수 있는 오류를 방지할 수 있습니다.

노드 설정

Missing Value 노드에서는 데이터 형식별 또는 각 Column별 개별 설정을 통해 결측값 처리 방식을 결정할 수 있습니다.

데이터 형식별로 결측값 처리 방식을 일괄 지정할 수 있는 영역입니다.

1) String 형식 컬럼

   ① 고정값으로 대체

   ② 이전 값, 이후 값, 또는 가장 많은 값으로 대체

   ③ 결측값이 포함된 행 제거

2) Number(Double), Number(Integer) 형식 Column

String 형식 컬럼에 적용 가능한 방법 외에도 평균값, 최댓값, 최솟값 등 수치 기반 계산값으로 결측값을 제거할 수 있습니다.

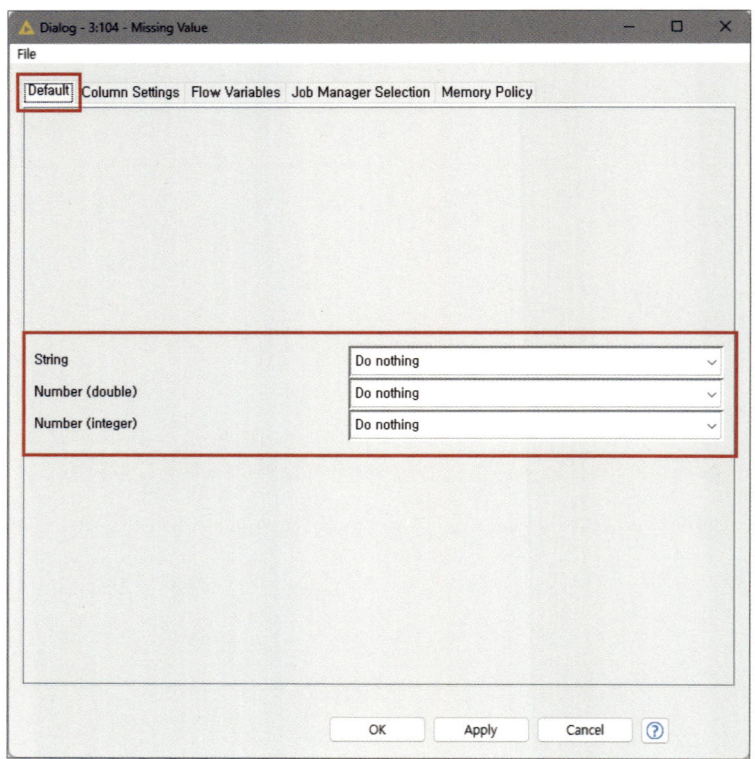

Column Setting 탭

특정 컬럼별로 개별적인 결측값 처리 방식을 지정할 수 있는 영역입니다.

1) 컬럼 목록 선택

결측값 처리를 원하는 컬럼을 더블 클릭하여 선택한 후, 해당 컬럼에만 적용할 처리 방식을 설정할 수 있습니다.

2) 처리 방식 지정

선택한 컬럼의 데이터 형식에 맞는 결측값 처리 방식을 지정합니다. 이때 적용 가능한 방식은 Default 탭과 동일합니다.

① 문자형 변수인 공휴일 컬럼의 결측값은 고정된 문자열 "주중/주말"로 대체합니다.

② 숫자형 변수인 공휴일_Feature 컬럼의 결측값은 고정값 0으로 대체합니다.

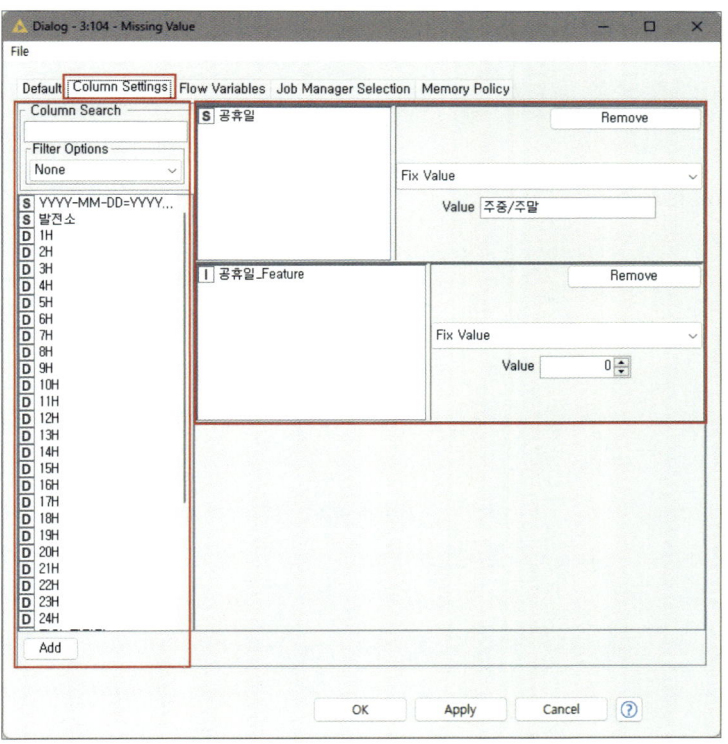

공휴일과 공휴일_Feature Column에 존재하던 결측값(missing value)들이 위에서 설정한 대로 각각 "주중/주말", 0으로 대체되어 제거되었습니다.

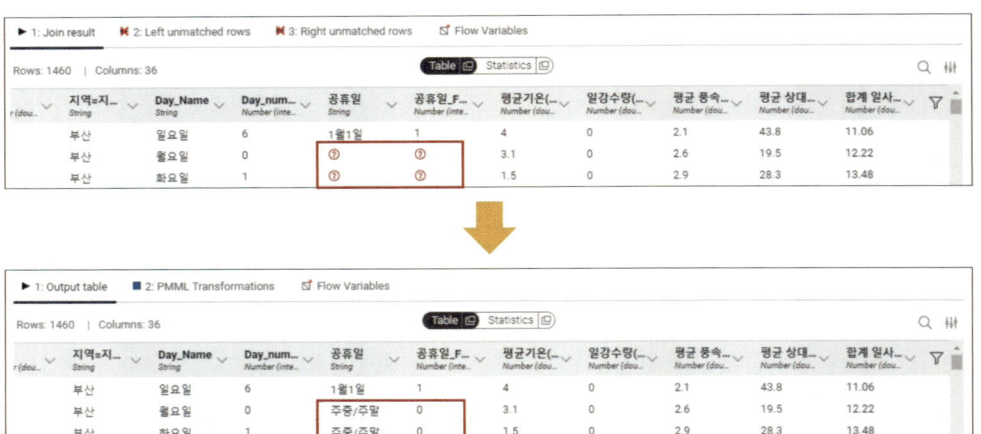

3.2 Column 이름 바꾸기

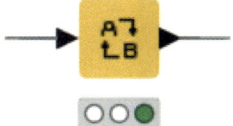

Column Renamer

Column Renamer 노드는 Column명을 새로운 이름으로 변경할 수 있습니다. 데이터 처리 과정에서 Join, Column Filter 등의 여러 노드를 사용하다 보면, 컬럼 이름이 변경되어 혼동을 줄 수 있습니다. 누구나 쉽게 이해할 수 있도록 컬럼명을 정리하는 작업이 필요합니다.

'Column Renamer' 노드에서는 이름을 변경할 컬럼을 선택한 후, 새로 지정할 이름을 입력합니다. 왼쪽의 'Column' 드롭다운 목록에서 이름을 변경하고자 하는 컬럼을 선택한 뒤, 오른쪽 'New name' 입력란에 새로운 컬럼 이름을 입력합니다. 여러 컬럼의 이름을 한 번에 변경하려면, Add column 버튼을 눌러 컬럼과 새 이름을 추가로 설정할 수 있습니다.

1) Column에서 이름을 바꿀 Column을 선택하고 New name에서 새로 바꾸려는 이름을 입력합니다.

2) Add Column: 버튼을 눌러 Column과 New name을 설정하여 이름을 변경할 Column을 추가할 수 있습니다.

노드 결과

여러 개의 테이블을 Join하며 복잡하게 바뀐 Column의 이름을 누구나 알아보기 쉽게 변경하였습니다. "YYYY-MM-DD=YYYYMMDD=일시" Column은 "일자"라는 이름으로, "지역=지점명" Column은 "발전소_지역"이라는 이름으로 간단하게 바뀌었습니다.

YYYY-MM-DD=YYYYMMDD=일시 String	지역=지점명 String
2023-01-01	부산
2023-01-02	부산
2023-01-03	부산
2023-01-04	부산
2023-01-05	부산
2023-01-06	부산
2023-01-07	부산
2023-01-08	부산
2023-01-09	부산
2023-01-10	부산
2023-01-11	부산
2023-01-12	부산
2023-01-13	부산
2023-01-14	부산

일자 String	발전소_지역 String
2023-01-01	부산
2023-01-02	부산
2023-01-03	부산
2023-01-04	부산
2023-01-05	부산
2023-01-06	부산
2023-01-07	부산
2023-01-08	부산
2023-01-09	부산
2023-01-10	부산
2023-01-11	부산
2023-01-12	부산
2023-01-13	부산
2023-01-14	부산

3.3 Column 순서 변경하기

Column Resorter

노드 설명

Column Resorter 노드는 테이블의 Column 순서를 사용자가 원하는 대로 정렬할 수 있습니다. 예를 들어 시계열 데이터라면 시간 데이터가 앞에 위치하는 것이 좋고, ID와 같은 Primary Key가 있는 경우에는 ID를 앞에 두는 것이 데이터를 확인하는 데 더 편리합니다. 이처럼 Column 순서를 조정할 필요가 있을 때는 Column Resorter 노드를 활용하는 것이 좋습니다.

노드 설정

'Column Resorter' 노드에서 Column의 순서를 조정하고 적용합니다.

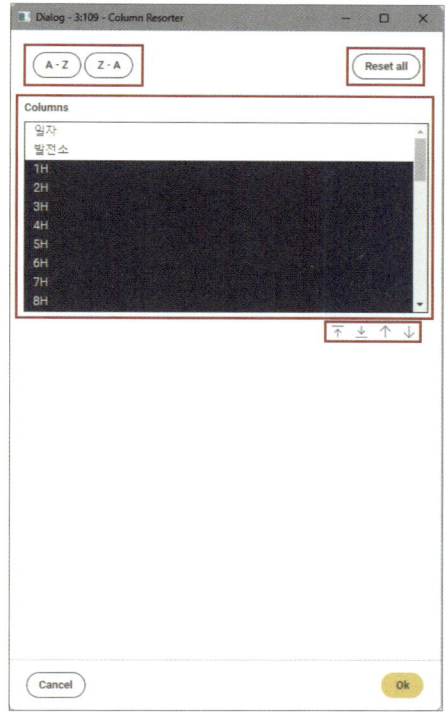

1) A – Z: Column 순서를 알파벳순으로 정렬합니다. Column명이 한글일 경우 가나다순으로 정렬합니다.

2) Z – A: Column 순서를 알파벳 역순으로 정렬합니다. Column명이 한글일 경우 가나다 역순으로 정렬합니다.

3) Reset all: 모든 정렬 설정을 처음의 Column 배열로 초기화합니다.

4) Columns: 배열을 변경하고 싶은 Column들만 선택합니다. Ctrl 또는 Shift 키를 사용하면 여러 Column을 동시에 선택할 수 있습니다.

5) ⊼ : 선택한 Column의 순서를 최상단으로 올립니다.

6) ⊻ : 선택한 Column의 순서를 최하단으로 내립니다.

7) ↑ : 선택한 Column의 순서를 한 단계 위로 올립니다.

8) ↓ : 선택한 Column의 순서를 한 단계 아래로 내립니다.

노드를 적용하기 전까지는 Statistics 탭에서 확인한 Column 순서가 일자와 발전소 Column 외에는 1H부터 24H까지의 시간별 Column들이 먼저 나열되어 있었습니다. 이를 정돈하기 위해 분석에 덜 사용되는 1H~24H Column들을 뒤로 보내고, 주요 Column들을 앞쪽에 배치함으로써 이후 데이터 확인과 분석이 더욱 편리해졌습니다.

4. Feature 생성하기

데이터 처리 이후, 분석에 도움을 주는 새로운 Feature를 생성할 수 있습니다. 기존의 Column을 더하거나 분리하고, 인코딩 방법을 활용하여 문자 데이터를 숫자 데이터를 바꿔 분석에 활용할 수 있습니다. KNIME의 다양한 노드를 사용하여 새로운 Feature를 생성해보겠습니다. 진행할 Workflow는 다음과 같습니다.

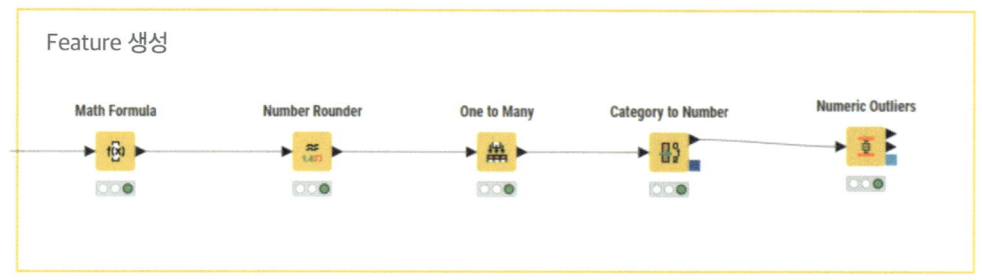

Workflow 과정

4.1 Math Formula

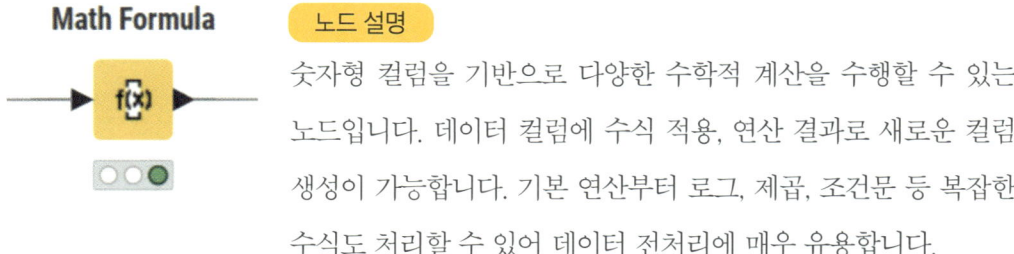

노드 설명

숫자형 컬럼을 기반으로 다양한 수학적 계산을 수행할 수 있는 노드입니다. 데이터 컬럼에 수식 적용, 연산 결과로 새로운 컬럼 생성이 가능합니다. 기본 연산부터 로그, 제곱, 조건문 등 복잡한 수식도 처리할 수 있어 데이터 전처리에 매우 유용합니다.

노드 설정

Expression 영역에서 1H부터 24H까지의 Column을 모두 더하여 하루 동안의 전력 판매량을 계산하고, 이를 새로운 Column으로 생성합니다. 새 Column으로 생성하려면 'Append Column' 옵션을 선택한 후, Column 이름을 지정해야 합니다.

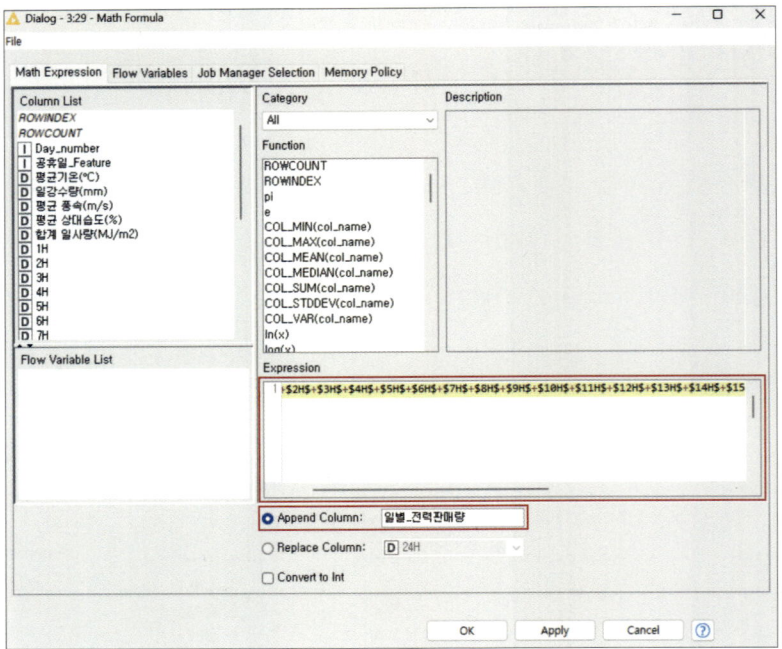

1) Column List: 수식에 사용할 수 있는 컬럼 목록이 표시되며, 컬럼명을 더블 클릭하면 Expression 입력창에 자동으로 추가됩니다.

2) Function: SUM, LOG, IF, MEAN 등 다양한 수학 함수를 제공하며, 함수명을 클릭하면 수식에 쉽게 삽입할 수 있습니다.

3) Description: 선택한 함수의 설명이 표시되어, 함수의 사용 방법이나 인자에 대한 이해를 도와줍니다.

4) Expression: 실제 연산을 작성하는 공간으로, 컬럼과 함수를 조합하여 계산식, 조건문 등 다양한 수식을 입력할 수 있습니다.

5) Append Column/Replace Column: 연산 결과를 지정할 컬럼을 지정합니다. Append Column은 새 컬럼으로 결과를 저장하고, Replace Column은 기존 컬럼을 덮어씁니다.

6) Convert to Int: 연산 결과를 정수형(Integer)으로 변환하고 싶을 때 체크합니다. 소수점이 제거된 결과가 필요할 경우 유용합니다.

테이블의 가장 오른쪽에 '일별_전력판매량'이 추가되었습니다.

1H Number (dou...	22H Number (dou...	23H Number (double)	24H Number (double)	일별_전력판매량 Number (double)
	0	0	0	24,392.16
	0	0	0	18,100.08
	0	0	0	22,866.12
	0	0	0	17,801.28
	0	0	0	18,441
	0	0	0	24,983.28
	0	0	0	7,556.4
	0	0	0	1,985.04
	0	0	0	19,342.44
	0	0	0	17,683.92
	0	0	0	25,606.8
	0	0	0	25,794.72
	0	0	0	23,124.6
	0	0	0	19,278.72
	0	0	0	23,164.92
	0	0	0	1,325.16
	0	0	0	4,340.16

4.2 데이터 소수점 처리

Number Rounder

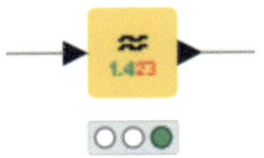

노드 설명

Number Rounder 노드는 반올림 방식을 선택하여, 소수점이 포함된 숫자형 컬럼의 값을 원하는 자릿수로 반올림할 때 사용하는 노드입니다.

노드 설정

숫자형 변수 중 실수를 나타내는 Number(Double) 타입의 Column을 소수점 둘째 자리에서 반올림하여, 소수점 첫째 자리까지 표시되도록 통일합니다.

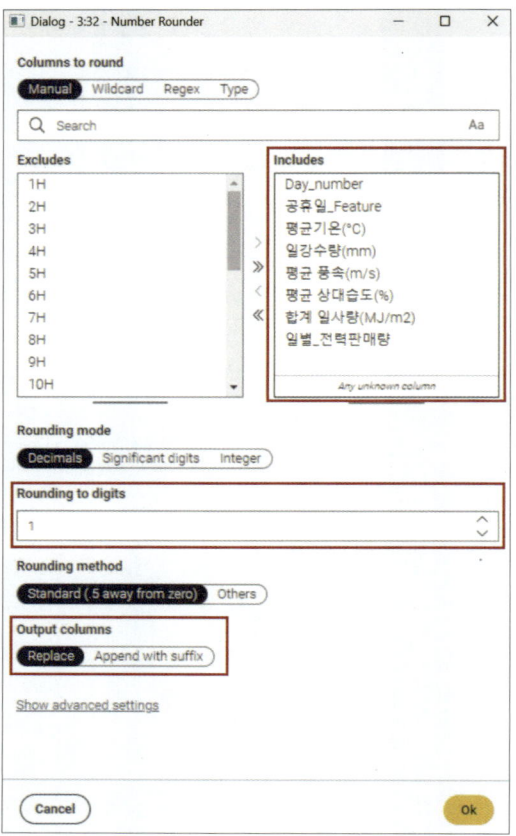

1) Excludes/Includes: 반올림을 적용할 Column을 Includes에 추가하고, 적용하지 않을 Column은 Excludes에 추가합니다.

2) Rounding to digits: 소수점 몇 번째 자리까지 표시할 것인지 설정합니다. 예시에서는 소수점 한 자리까지 표시하기 위해 1을 입력하였습니다.

3) Rounding method: 반올림의 방법을 설정합니다.

  ① Standard: 일반적인 반올림 방법으로, 5 이상은 올리고 4 이하는 버리는 방법입니다.

  ② Others: 사용자가 설정한 숫자로 반올림 기준을 설정할 수 있습니다.

4) Output Columns: 반올림 결과의 Column을 기존의 열을 대체할지, 새로운 Column으로 추가할지 결정합니다.

소수점 한 자리 또는 두 자리까지 표시되었던 전력판매량 값들이, Number Rounder 노드로 소수점 한 자리로 통일되었습니다.

4.3 One-Hot Encoding

One to Many

One-Hot Encoding은 범주형 변수의 각 범주에 대해 해당하는 값만 1, 나머지는 0으로 표시되는 새로운 Feature를 생성하여 범주를 구분하는 방법입니다.

KNIME에서는 One to Many 노드를 활용하여 하나의 노드만으로도 손쉽게 범주형 변수에 대한 Encoding 작업을 진행할 수 있습니다.

'부산', '여천', '영광'이라는 세 가지 범주로 이루어진 '발전소_지역' 컬럼에 One-Hot Encoding을 적용하면, 각 범주가 각각의 컬럼으로 분리됩니다. 즉, '부산', '여천', '영광'이라는 이름의 세 개의 새로운 컬럼이 생성되며, 각 행의 '발전소_지역' 값이 해당하는 컬럼에는 1, 나머지 컬럼에는 0이 입력됩니다.

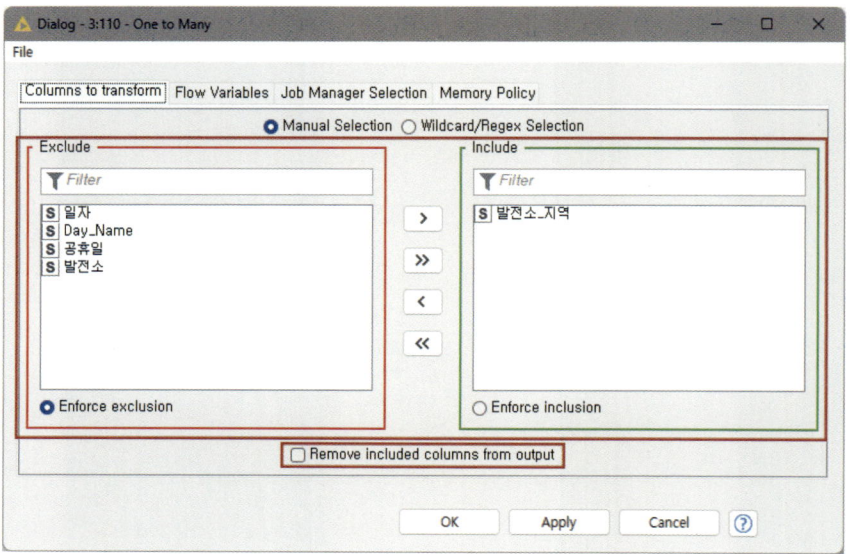

1) Exclude/Include: One-Hot Encoding을 적용할 Column을 Include에 추가하고, 적용하지 않을 Column은 Exclude에 추가합니다.

2) Remove Included Columns from output: One-Hot Encoding을 적용한 Column을 출력 테이블에서 삭제할지 결정합니다. 예시에서는 One-Hot Encoding을 진행한 후에도 기존의 Column을 유지하기 위해 체크를 해제했습니다.

One-Hot Encoding이 적용된 결과, '발전소_지역' 컬럼은 '부산', '여천', '영광'이라는 세 개의 새로운 컬럼으로 분리되었습니다. 각 행의 값은 해당되는 지역 컬럼에만 1, 나머지에는 0이 표시되어, 범주형 정보가 수치형 데이터로 정확히 변환된 것을 확인할 수 있습니다.

발전소_지역 String		부산 Number (inte...	예천 Number (inte...	영광 Number (inte...
부산		1	0	0
부산		1	0	0
부산		1	0	0
부산		1	0	0
부산		1	0	0
예천		0	1	0
예천		0	1	0
예천		0	1	0
영광		0	0	1
영광		0	0	1

4.4 Label Encoding

Category to Number

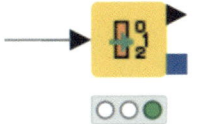

노드 설명

범주형 변수에 Label Encoding을 적용합니다. 범주의 개수만큼 새로운 Feature를 생성하는 One-Hot Encoding과 달리, Label Encoding은 각 범주를 새로운 숫자형 변수에 1대1로 매칭시켜 하나의 Column으로 표시하는 더 간단한 방법입니다.

KNIME의 Category to Number 노드를 실행하면 원하는 범주형 변수에 Label Encoding 결과를 쉽게 적용할 수 있습니다.

노드 설정

고리태양광, 고리풍력, 예천양수, 한빛솔라 네 개의 범주로 이루어진 발전소 Column의 값을 각 범주에 대응하는 새로운 숫자로 대체하여 문자형 변수를 숫자형 변수로 변환하는 Label Encoding 작업을 해줍니다.

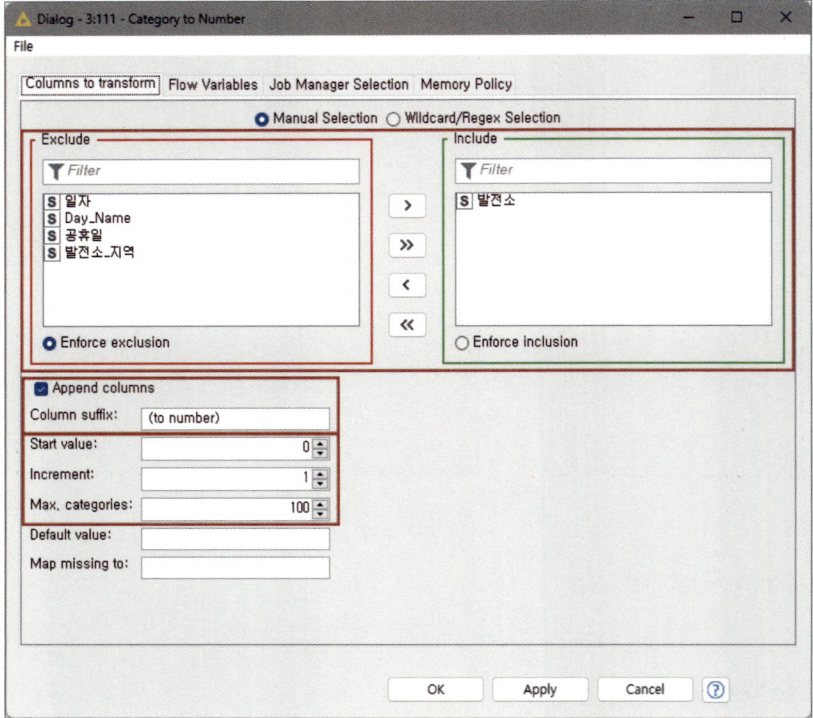

1) Exclude/Include: Label Encoding을 적용할 Column을 Include에 추가하고, 적용하지 않을 Column은 Exclude에 추가합니다.

2) Append Columns: 문자형 변수를 숫자형 변수로 변환한 컬럼을 새로 추가할지, 기존 컬럼을 대체할지 설정합니다.

① 새로운 컬럼을 생성하는 경우, 기존 컬럼 이름에 추가할 문자를 입력하여 새 컬럼의 이름을 설정합니다.

3) Label의 기준을 설정합니다.

① Start value: Label의 시작값을 설정합니다.

② Increment: 시작값에서 Increment의 값만큼 숫자를 올려가며 각 범주에 숫자를 할당합니다.

③ Max, categories: Label의 최댓값을 설정합니다. 만약 범주의 개수가 최댓값을 넘어가면 오류가 발생합니다.

4개의 범주로 이루어진 발전소 Column의 각 값들이 다음과 같이 Label Encoding되어 변경되었습니다.

- 고리태양광 → 0
- 고리풍력 → 1
- 예천양수 → 2
- 한빛솔라 → 3

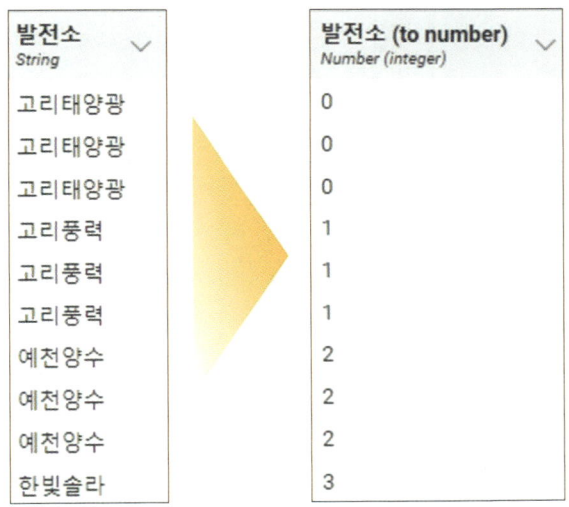

4.5 Numeric Outliers

Numeric Outliers

노드 설명

수치형 이상치 탐지 및 제거를 위한 노드입니다.

IQR 또는 Z-Score 방식으로 이상치를 찾아 제거하거나 별도 컬럼에 표시할 수 있어, 모델 성능 향상과 데이터 품질 개선에 도움을 줍니다.

Node Monitor의 Statistics를 확인해보면, 종속변수인 '일별_전력판매량'의 최솟값은 0, 최댓값은 71,049로, 값의 차이가 매우 큽니다. 이와 같은 큰 차이는 데이터의 패턴이나 특정 이벤트를 파악하는 데 중요한 단서가 될 수 있습니다.

그러나 본 분석 및 머신러닝 과정에서는 이상치를 탐지하고 제거하는 방식을 적용하여, 보다 신뢰도 높은 결과를 도출하고자 합니다.

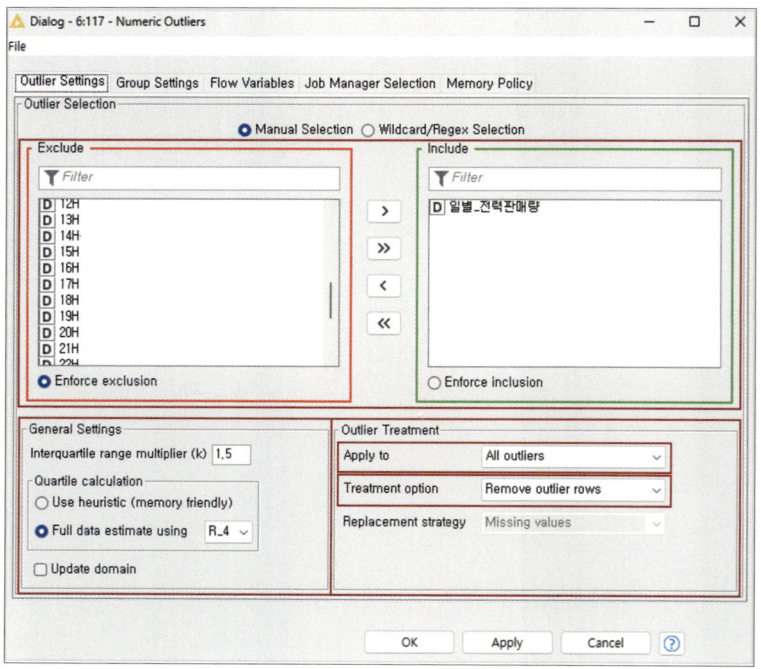

1) Exclude/Include: 이상치를 처리할 Column을 선택하여 Include에 추가하고, 적용하지 않을 Column은 Exclude에 추가합니다.

2) General Settings – Interquartile range multiplier(k): 기본값은 1.5로 통계에서 일반적으로 사용되는 값이며, IQR(Interquartile Range, 사분위수 범위)을 기준으로 이상치를 탐지할 때 사용되는 상수입니다. 1.5는 Q1과 Q3 바깥에 있는 값들을 이상치로 분류합니다. k값을 늘리면 이상치로 판별되는 값의 수가 줄어들고, 줄이면 더 많은 값이 이상치로 분류됩니다.

3) Quartile calculation – Full data estimate using: 이 설정은 사분위수를 계산할 때 사용하는 방식을 선택하는 옵션입니다.

 ① Use heuristic (memory friendly): 데이터의 크기가 큰 경우 메모리를 효율적으로 사용하기 위한 추정 방식을 적용합니다. 계산 속도가 빠르지만 정확도가 떨어질 수 있습니다.

 ② Full data estimate using: 전체 데이터를 읽어서 정확한 사분위수를 계산합니다. R_4는 R 언어의 사용되는 사분위수 방식 중 하나로 empirical distribution(경험적 분포)에 기반하여 계산합니다. 정확한 계산을 도와주는 옵션입니다.

4) Outlier Treatment – Apply to: 이상치 처리 설정창으로 이상치를 탐지한 후 해당 값을 어떻게 처리할지 결정하는 옵션입니다.

 ① All outliers: 모든 이상치에 대해 처리합니다.

 ② Upper outliers: 상위 이상치(Q3 + k * IQR)만 처리합니다.

 ③ Lower outliers: 하위 이상치(Q1 - k * IQR)만 처리합니다.

5) Outlier Treatment – Treatment option: Outlier Treatment – Apply to에서 적용한 대상에 대해 어떻게 이상치를 처리할지 결정하는 옵션입니다.

 ① Remove outlier rows: 이상치가 포함된 행(row)을 삭제합니다.

 ② Replace outliers: 이상치를 지정된 값으로 대체합니다.

6) Outlier Treatment – Replacement strategy: Treatment option에서 Replace outliers를 선택하여 이상치를 대체하고자 할 때 활성화됩니다.

 ① Missing values: 이상치를 결측값(Null)으로 대체합니다.

 ② Mean: 이상치를 해당 컬럼의 평균값으로 대체합니다.

 ③ Median: 이상치를 해당 컬럼의 중앙값으로 대체합니다.

 ④ Custom value: 사용자가 직접 지정한 값으로 대체합니다.

노드 결과

총 1,460개의 Row에서 이상치 처리를 진행하고 1,433개로 변하여 1.8%의 Row가 삭제된 것을 확인할 수 있습니다.

#	RowID	일자 String	Day_Name String	Day_num... Number (dou...	공휴일 String	공휴일_F... Number (dou...	발전소 String	발전소_지... String	평균기온(... Number (dou...	일 Nu
1	Row...	2023-01-01	일요일	6	1월1일	1	고리태양광	부산	4	0
2	Row...	2023-01-02	월요일	0	주중/주말	0	고리태양광	부산	3.1	0
3	Row...	2023-01-03	화요일	1	주중/주말	0	고리태양광	부산	1.5	0
4	Row...	2023-01-04	수요일	2	주중/주말	0	고리태양광	부산	2.6	0
5	Row...	2023-01-05	목요일	3	주중/주말	0	고리태양광	부산	4.6	0
6	Row...	2023-01-06	금요일	4	주중/주말	0	고리태양광	부산	5.3	0
7	Row...	2023-01-07	토요일	5	주중/주말	0	고리태양광	부산	5.7	1

Rows: 1433 | Columns: 43

4.6 데이터 분석

앞서 진행한 실습을 통해 다양한 형식의 데이터를 Join하여 새로운 데이터셋을 구성하고, 데이터 탐색과 전처리 작업을 통해 데이터를 분석에 적합한 형태로 정비하였습니다. 이 과정을 통해 분석의 기반이 되는 데이터 환경을 구축하였습니다.

KNIME Analytics Platform은 다양한 머신러닝 알고리즘을 제공하며, 본 장에서는 숫자형 변수 간의 관계를 분석할 수 있는 '회귀 분석(Regression Analysis)'을 실습합니다.

회귀 분석은 하나 이상의 독립변수(X)를 이용해 종속변수(Y)를 설명하거나 예측하는 통계 기법입니다. 그중 선형 회귀(Linear Regression)는 가장 기본적인 회귀 분석 방법으로, 독립변수와 종속변수 간의 선형 관계를 모델링합니다. 선형 회귀는 예측뿐 아니라 변수 간의 관계를 정량적으로 해석하고 인사이트를 도출하는 데 유용하며, 데이터 분석과 머신 러닝의 기초 모델로 널리 활용됩니다.

KNIME을 사용하지 않는 일반적인 환경에서는, 선형 회귀는 독립변수와 종속변수 간의 관계를 가장 잘 설명할 수 있는 함수(모델)를 찾아가는 과정입니다.

$$y = \beta_0 + \beta_1 x_1 + \beta_2 x_2 + \beta_3 x_3 + \cdots + \beta_k x_k + \varepsilon$$

y: 종속변수

x: 독립변수

β_0: 회귀식의 절편(독립변수가 모두 0일 때 종속변수의 값)

β_n: 회귀식의 기울기(독립변수의 변화에 종속변수가 반응하는 정도)

ε: 오차(실제값과 예측값의 차이)

선형 회귀는 위 수식과 같이 독립변수와 종속변수 간의 관계를 수식으로 모델링하고, 오차를 최소화하는 회귀 계수 β를 찾아가는 예측 기법입니다. KNIME Analytics Platform에서는 'Linear Regression Learner' 노드를 활용해 이러한 계산 과정을 자동으로 수행할 수 있습니다. 전체 데이터는 학습용(70%)과 예측용(30%)으로 분할되며, 학습 데이터(70%)를 기반으로 모델을 훈련시키고 예측 데이터(30%)를 통해 결과를 평가하거나 예측을 수행합니다.

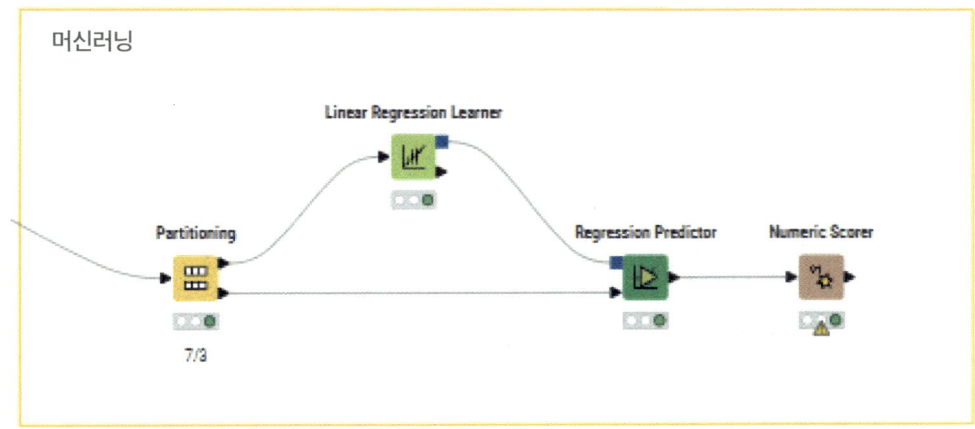

Workflow 과정

4.7 Partitioning

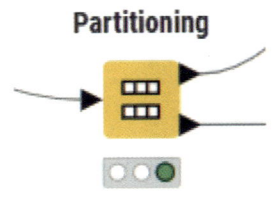

노드 설명

하나의 데이터를 두 개로 분할하는 데 사용됩니다. 머신러닝에서 필수적인 데이터 분할 단계를 수행할 때 자주 활용되며, 일반적으로 학습(Training)과 예측(Test) 데이터셋을 나누는 데 사용됩니다.

노드 설정

설정한 기준에 따라 분할된 데이터 중, 조건에 부합하는 데이터(예: 학습용 70%)는 첫 번째 출력 포트(상위 포트)로 전달됩니다.

분할 기준은 '비율', '개수', '무작위 추출 여부' 등 다양한 옵션으로 설정할 수 있으며, 첫 번째 포트의 데이터는 주로 모델 학습용으로 사용됩니다.

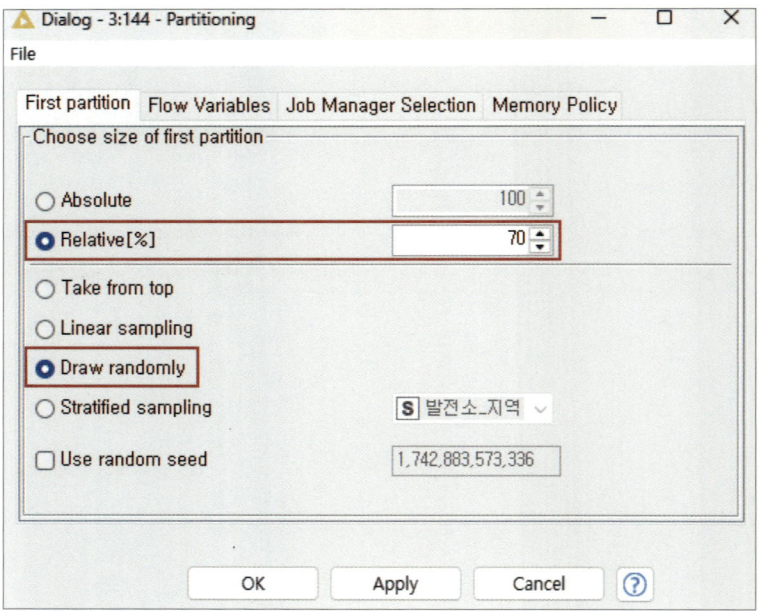

1) 분할 기준 설정

　① Absolute: 데이터 행 개수로 분할합니다. (ex. 100개 행 중 70개를 학습용으로 지정)

　② Relative [%]: 전체 데이터에서 비율(%) 기준으로 분할합니다. (ex. 70% 학습용, 30% 테스트용)

2) 샘플링 방식 선택

　① Take from top: 데이터 상단부터 순서대로 선택합니다. 보통 시간 순 정렬된 데이터에 사용됩니다.

　② Linear sampling: 전체 데이터를 일정 간격으로 나누어 균등하게 추출합니다.

　③ Draw randomly: 데이터를 무작위로 샘플링하여 분할합니다. 일반적인 머신러닝에서 가장 많이 사용되는 방식으로, 데이터 순서에 영향을 받지 않아 모델의 일반화에 유리합니다.

　④ Stratified sampling: 특정 범주의 비율을 유지하며 분할합니다. 클래스 불균형 문제를 막기 위해 사용되나, 회귀 분석에서는 일반적으로 사용되지 않습니다.

노드 결과

Node Monitor를 확인해보면, 데이터가 정상적으로 분할되어 생성된 것을 확인할 수 있습니다. 'First partition'은 상위 포트에 해당하는 데이터로, 전체의 70%인 1,003건이 할당되었습니다. 반면, 'Second partition'은 하위 포트에 해당하며, 나머지 30%인 430건의 데이터가 포함된 것을 확인할 수 있습니다.

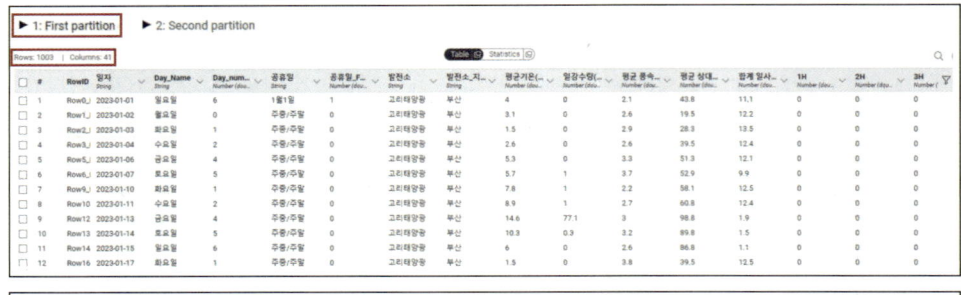

4.8 Linear Regression Learner

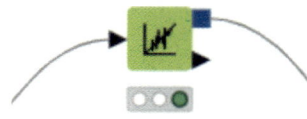

주어진 입력 변수(독립변수)를 사용해 하나의 목표 변수(종속변수)를 선형 회귀 방식으로 예측할 수 있도록 학습하는 노드입니다.

예측 대상인 종속변수(y)를 Target에 지정하고, 모델 학습에 사용할 독립변수(x)는 Include 항목에서 선택합니다. (독립변수는 자유롭게 여러 개 선택할 수 있습니다.)

1) Target: 예측하고자 하는 종속변수(y)를 지정합니다.

2) Values

① Include: 회귀 모델에 사용할 독립변수(x)를 선택합니다. 선택된 변수들은 입력값으로 활용되며, 너무 많은 변수를 포함하면 모델 성능은 높아질 수 있으나, 과적합 위험이 있으므로 변수 간의 상관관계를 고려해 적절히 선택해야 합니다. 예를 들어, 시간대

별 변수는 '일별_전력판매량'과 다중공선성이 높기 때문에, 이 경우에는 대표적인 변수만 선택합니다.

② Exclude: 회귀 분석에서 제외할 변수를 지정합니다.

3) Regression Properties

① Predefined Offset Value: 절편(β_0)의 기본값을 수동으로 지정할 수 있으나, 일반적으로는 사용하지 않습니다.

4) Missing Values in Input Data

① Ignore rows with missing values: 결측치가 있는 행은 학습에서 자동으로 제외합니다.

② Fail on observing missing values: 결측치가 있는 경우 학습을 중단합니다.

5) Scatter Plot View

① First Row: 산점도에 표시할 시작 행 번호를 지정합니다.

② Row Count: 시각화에 표시할 최대 행 수를 지정합니다. (성능 최적화 목적)

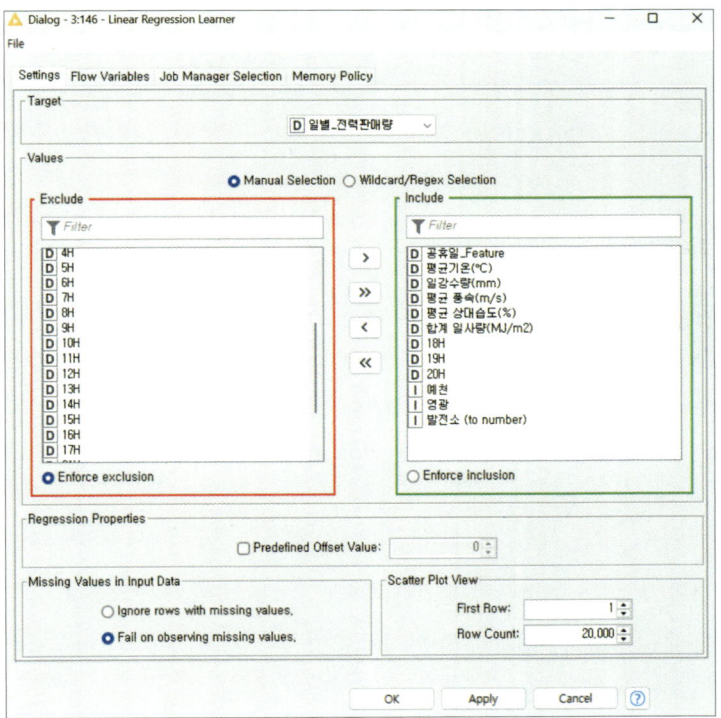

Linear Regression Learner 노드는 두 가지 출력 결과를 제공합니다.

1) Model for Predictor: 학습이 완료된 회귀 모델 객체(PMML 형식)를 출력합니다. 이 모델은 이후 단계의 Linear Regression Predictor 노드에 연결되어, 테스트 데이터(30%)에 대한 예측에 사용됩니다.

2) Coefficients and Statistics: 학습된 모델의 회귀 계수(β 값)와 함께, 각 변수에 대한 통계 지표(p-value, t-statistic, VIF 등)가 포함된 표 형태로 출력됩니다. 이를 통해 변수의 영향력, 통계적 유의성, 다중공선성 여부 등을 확인할 수 있습니다.

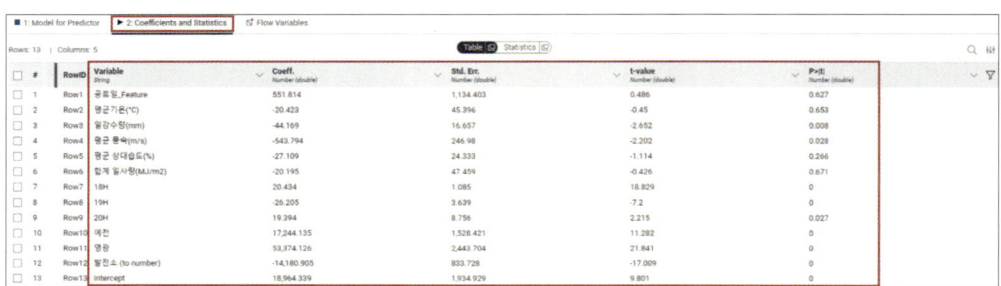

4.9 Regression Predictor

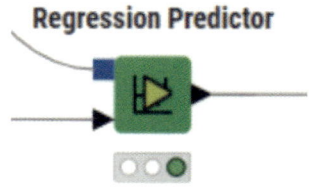

Regression Predictor

주어진 입력 변수(독립변수)를 사용해 하나의 목표 변수(종속변수)를 선형 회귀 방식으로 예측할 수 있도록 학습하는 노드입니다.

Custom prefiction column name 옵션을 체크하면, 예측 결과가 저장될 Column 이름을 직접 지정할 수 있습니다. 지정하지 않으면 기본값으로 처리되며, 비활성 상태로도 정상 작동됩니다.

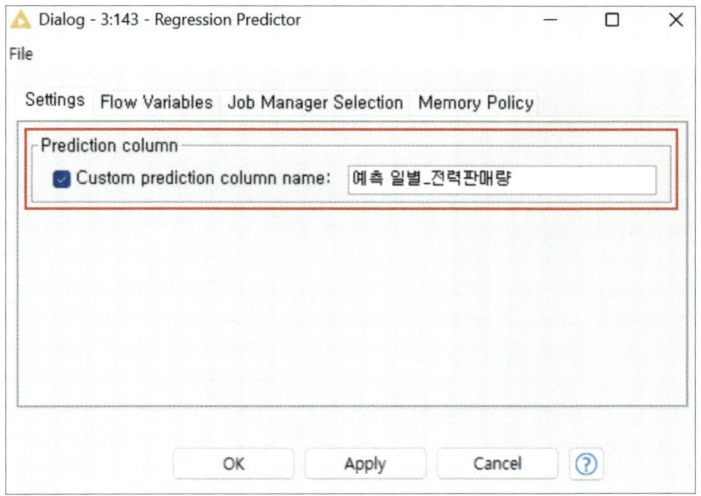

설정한 '예측 일별_전력판매량' 컬럼이 새로 생기면서, 예측된 결과값을 확인할 수 있습니다.

4.10 Numeric Scorer

Numeric Scorer

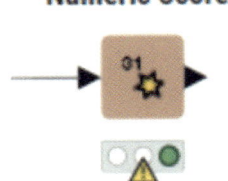

노드 설명

회귀 분석 모델의 예측 성능을 수치 기반으로 평가하는 노드입니다. 입력값으로는 실제값(정답)과 예측값(모델 결과)을 필요로 하며, 두 값을 비교해 다양한 지표를 산출합니다.

회귀 분석의 예측 결과와 실제값을 비교하여 정량적인 평가 지표를 산출하는 설정을 포함하고 있습니다.

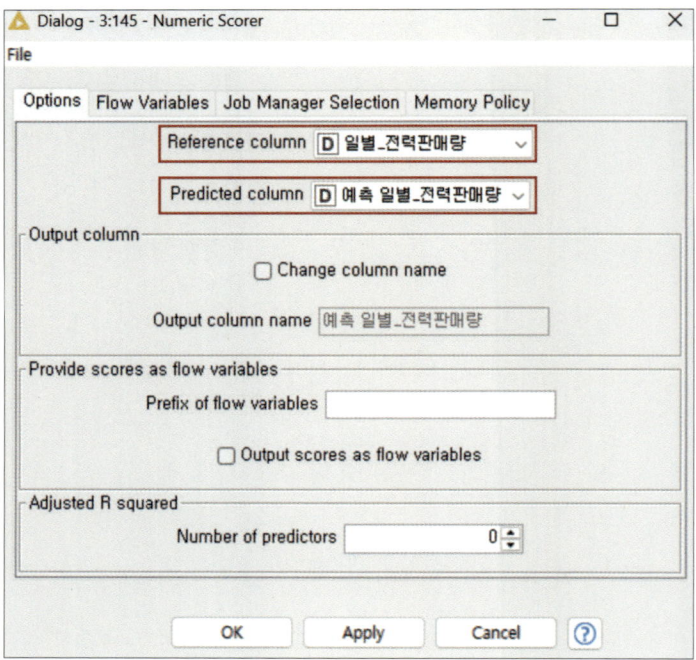

1) Reference column (실제값 컬럼): 실제 측정된 값(정답값, 종속변수)을 선택합니다. '일별_전력판매량'을 클릭합니다.

2) Predicted column (예측값 컬럼): 회귀 모델을 통해 생성된 예측값 컬럼을 선택합니다. '예측 일별_전력판매량'을 클릭합니다.

Reference column과 Predicted column으로 선택된 컬럼을 기반으로 오차 및 정확도를 계산합니다.

노드 결과

회귀 모델의 예측 성능은 다양한 지표를 통해 평가할 수 있습니다. 특히 R^2(결정계수)는 종속변수의 변동성을 모델이 얼마나 잘 설명하는지 나타내는 핵심 지표입니다. 예시에서 R^2 값이 0.815로 나타났으며, 이는 전체 데이터 변동의 약 81.5%를 설명하고 있어 비교적 양호한 예측력을 보여줍니다.

다만 MAE, MSE, RMSE, MSD 등의 오차 지표들은 다소 높은 값으로 나타났습니다. 이는 모델이 전반적으로 설명력은 확보했으나, 예측값과 실제값 간의 절대적인 오차가 여전히 존재함을 의미합니다. 따라서 더 나은 예측 성능을 얻기 위해서는 추가적인 데이터 전처리가 필요합니다.

RowID	예측 일별_전력판매량 Number (double)
R^2	0.815
mean absolute error	5,041.988
mean squared error	62,449,623.479
root mean squared error	7,902.507
mean signed difference	104.036
mean absolute percentage	NaN
adjusted R^2	0.815

5강

KNIME

KNIME
Business Hub
& Afterburner

KNIME은 KNIME Analytics Platform, KNIME Business Hub, KNIME Afterburner의 세 가지 제품으로 구성되어 있습니다.

■ KNIME Analytics Platform
GUI 기반의 워크플로우 작업 환경으로, ETL부터 데이터 전처리, 통계 분석, 머신러닝, AI 모델링까지 데이터 과학 전 과정을 시각적으로 구현할 수 있습니다.

■ KNIME Business Hub
배포 및 실행 엔진 역할을 하는 전용 서버로, 조직 단위에서 워크플로우를 실행·관리하며 협업과 자원 활용을 최적화합니다.

■ KNIME Afterburner
KNIME Business Hub의 운영·유지보수·사용자 접근 관리 한계를 보완하는 포털로, 확장된 공유·관리 기능과 통합 모니터링 환경을 제공합니다.

이 세 가지를 함께 사용하면, DevOps·MLOps·AIOps 영역까지 하나의 솔루션으로 구현 가능한 강력한 End-to-End 오픈소스 플랫폼을 구축하여, 데이터 분석부터 AI 모델 운영까지 전 과정을 효율적으로 관리·활용할 수 있습니다.
다음은 KNIME 제품을 기반으로 한 운영 환경 전체 플로우입니다.

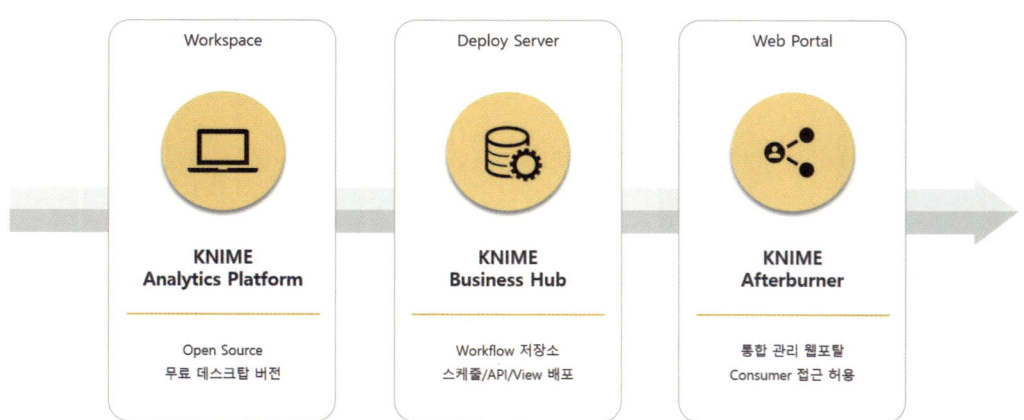

1. KNIME Business Hub 소개

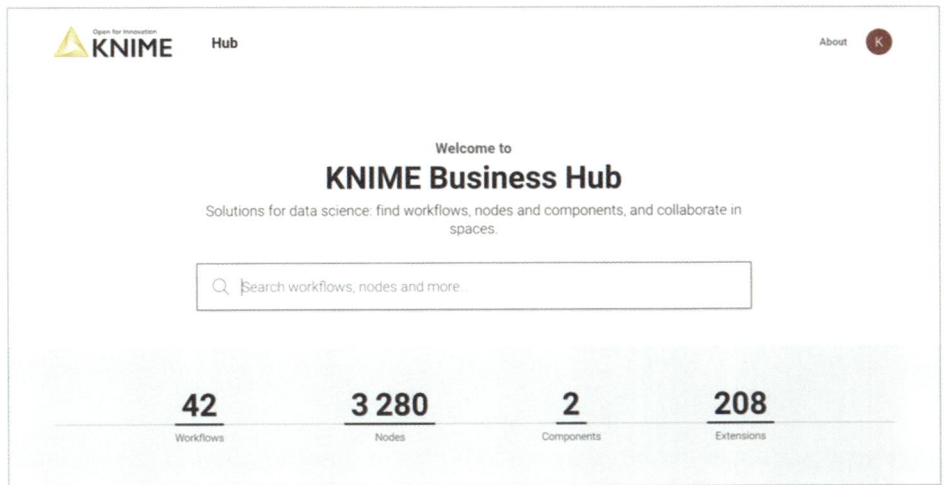

조직의 보안 환경과 인프라에 맞춰 전용 서버(온프레미스 또는 클라우드)에 설치하여 운영하는 기업용 데이터 분석·협업 플랫폼입니다. KNIME의 데이터 분석·머신러닝 워크플로우를 중앙에서 관리·공유·실행할 수 있는 기업 전용 KNIME Hub 인스턴스이며, 라이선스 설치 후 팀·부서별로 세부 기능과 권한을 맞춤 설정할 수 있습니다. 데이터 전처리, 데이터 분석, 데이터 과학, 머신러닝 및 AI, 데이터 적재 등 다양한 프로젝트의 전 과정을 한 곳에서 관리하고, 현업·IT·데이터 분석가·데이터 엔지니어·데이터 사이언티스트 간 원활한 협업을 지원합니다.

KNIME Business Hub는 주로 사용자와 관리자(User, Admin)가 접속하여 관리하는 전용 서버로, 워크플로우 실행 엔진 역할을 수행합니다. 해당 시스템은 조직 내 데이터 분석·머신러닝·자동화 워크플로우를 배포하고 실행하는 핵심 인프라로 사용됩니다.

■ 접속 권한 및 역할

Consumer(소비자) 사용자는 Business Hub에 직접 접속하지 않으며, Hub는 주로 백엔드에서 워크플로우 실행과 리소스 관리 기능을 제공합니다. 이를 통해 Business Hub는 사용자 인터페이스가 아닌 실행 및 관리 전용 엔진으로 활용됩니다.

KNIME Business Hub를 사용하면 다음과 같은 작업을 수행할 수 있습니다.

1.1 협업 및 프로젝트 관리

- 워크플로우 공유: 팀/부서 간 프로젝트 및 노드 재사용
- 권한 관리: 사용자·그룹별 접근 제어(읽기/수정/실행 권한 설정)
- 코멘트·리뷰: 워크플로우와 데이터에 대한 피드백 기록

1.2 워크플로우 실행 및 테스트

- 브라우저 기반 실행: 로컬 설치 없이 Hub에서 직접 워크플로우 실행
- 실행 이력 관리: 실행 로그, 상태, 소요 시간 추적
- 테스트 환경 분리: 개발·검증·운영 환경을 분리하여 안정적 배포

1.3 데이터 앱·스케줄·API 서비스

- 데이터 앱: 워크플로우를 웹 애플리케이션 형태로 배포
- 스케줄 실행: 정해진 주기에 자동 실행(예: 매일 오전 9시)
- API 서비스화: 워크플로우를 REST API로 제공하여 외부 시스템 연동

1.4 버전 관리 및 변경 추적

- 자동 버전 기록: 변경 이력 저장 및 버전 비교 지원
- 롤백 기능: 이전 버전으로 손쉽게 복구

1.5 실행 인프라 통합 관리

- 분산 실행 지원: KNIME Executors를 연결하여 대규모 병렬 처리
- 자원 모니터링: CPU·메모리 사용량 확인 및 최적화
- 워크로드 스케줄링: 우선순위 기반 실행 제어

2. KNIME Afterburner Portal

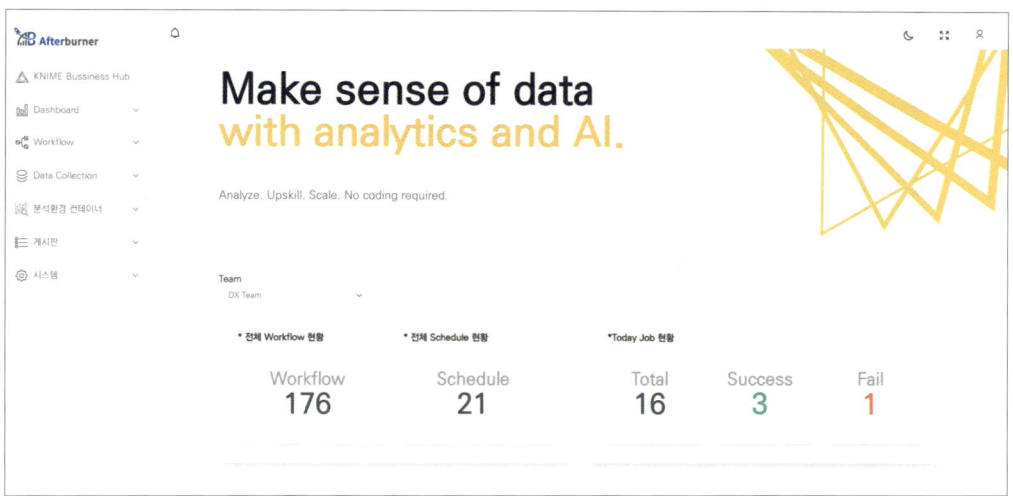

KNIME Afterburner Portal은 KNIME Business Hub의 관리 포털로, 사용자(User), 관리자 (Admin), 소비자(Consumer) 등 모든 유형의 사용자가 접속하여 활용할 수 있는 환경을 제 공합니다. 이 포털을 통해 KNIME Business Hub에 배포된 워크플로우 및 스케줄링이 설 정된 워크플로우를 실행할 수 있으며, 워크플로우 실행 및 버전 생성을 지원합니다. 또한, KNIME Business Hub의 리소스 모니터링 기능을 제공하여 시스템 상태를 실시간으로 확 인할 수 있습니다.

Afterburner Portal은 KNIME에서 기본 제공하지 않는 데이터 세트를 제공할 수 있으며, 사용자는 이를 KNIME Analytics Platform(AP)에서 생성한 데이터와 함께 적재·활용할 수 있습니다. 이를 통해 데이터 분석 및 처리 과정에서 다양한 데이터 소스를 유연하게 결합하고 활용할 수 있습니다.

Afterburner Portal은 KNIME Business Hub의 기본 기능을 포함하면서도, 운영·유지보수, 데이터 관리, 사용자 접근 관리 등에서 발생할 수 있는 한계를 보완합니다. 이를 통해 조직은 데이터 분석 인프라를 보다 체계적이고 안전하게 운영할 수 있으며, 확장된 관리 기능으로 효율성과 안정성을 동시에 확보할 수 있습니다.

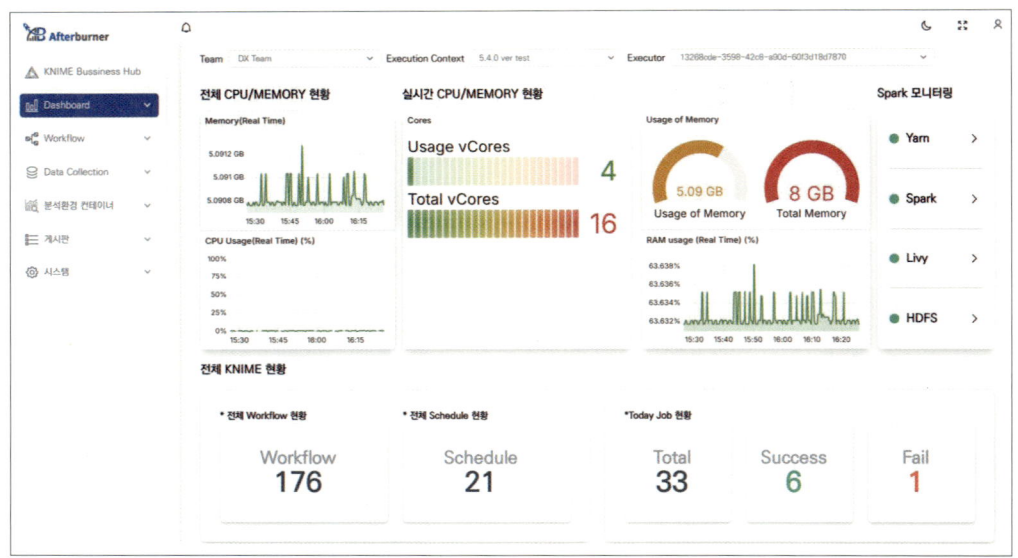

■ Hub 접속 관리

사용자 인증 및 권한 기반의 안전한 KNIME Business Hub 접속 환경을 제공

■ 중앙 Dashboard

Business Hub 내 모든 리소스를 한눈에 확인하고, 사용자 실행 이력과 시스템 상태를 실시간 모니터링

■ 워크플로우 버전 관리
변경 이력 기록 및 필요 시 이전 버전으로 손쉬운 복구

■ 즉시 실행 기능
대기 없이 지정 워크플로우를 즉시 실행 가능

■ 실행 결과 리포트
Dashboard를 통해 실행 결과를 시각적으로 확인하고 분석

■ 업로드 승인·반려 절차
워크플로우 업로드 시 승인 프로세스를 적용하여 품질과 보안 확보

■ 데이터 세트 관리
데이터 업로드·권한 설정·운영, 워크플로우 Input/Output 데이터 컬렉션 제공

■ Jupyter 분석 환경 제공
컨테이너 기반의 Jupyter Notebook 환경

■ 게시판 및 공지 기능
조직 내 공지사항 및 협업용 게시판 운영

■ 시스템 관리 도구
사용자, 리소스, 실행 환경을 통합 관리하는 시스템 관리 기능

3. Business Hub 서버 사양 및 기능

3.1 설치 조건

a. 네트워크

- 네트워크 포트
  - 80(HTTP)
  - 443(HTTPS)
  - 22(SSH) 관리자 전용
  - 6443(kubectl) 관리자 전용
  - 8800(KOTS 관리 콘솔) 관리자 전용

- 보안 경고
  - 포트 22, 6443 및 8800은 KNIME Hub 설치에 대해 취약 지점으로 간주됩니다. 악의적인 행위자가 해당 포트에 액세스할 수 있게 되면 클러스터에 파괴적인 작업을 수행하거나 중요한 구성에 액세스할 수 있습니다. 이러한 포트에 대한 액세스는 설치를 관리할 시스템의 IP 주소로만 제한되어야 합니다.
  - SELINUX(보안 강화 Linux)는 현재 지원되지 않습니다. 활성화된 경우 설치 프로그램 스크립트가 프롬프트를 통해 사용자에게 이를 안내하고, 계속 진행하기 전에 SELINUX를 비활성화합니다.

b. 하드웨어

- 지원 운영 체제
  - Ubuntu Server 20.04 LTS
  - Ubuntu Server 22.04 LTS
  - RHEL 8.6, 8.8, 8.9, 9.0, 9.2, 9.3

· Amazon Linux2

x86, x64 및 x86_64 프로세서만 지원됩니다.

3.2 설치 요구 사항

■ 용어

- 허브 코어(Hub Core): 실행 외에 비즈니스 허브의 모든 기능을 담당하는 허브 핵심 서비스를 말한다. 인증 서비스, UI, 데이터베이스 서비스 등이 포함됩니다.
- 허브 실행: 실행기 리소스(예: 실행기 포드 리소스)를 나타냅니다.
- 디스크: 비즈니스 허브의 영구 구성 요소에 대한 연결된 저장소 크기 요구 사항입니다. 데이터베이스에 스토리지를 제공하고 KNIME 워크플로우를 위한 데이터 파일을 저장하는 데 사용됩니다.
- CPU 및 메모리 요구량: 노드의 '총 용량'을 나타냅니다.
- vCore: 가상 코어를 의미하며, 클라우드 컴퓨팅 환경에서 가상 머신(VM)이나 컴퓨팅 인스턴스에 할당된 처리 능력을 나타냅니다.

■ 단일 노드 설치

	추천	최소
Basic Plan	- CPU: 총 16개 vCore 이상 · 허브 코어: vCore 10개 · 허브 실행: vCore 4개(라이선스에 포함) - 메모리: 32GB 이상 · 허브 코어: 20GB · 허브 실행: 실행자에 할당할 수 있는 12GB 이상의 메모리 - 디스크: 500GB 이상	- CPU: 총 12개의 vCore · 허브 코어: vCore 7개 · 허브 실행: vCore 4개(라이선스에 포함) - 메모리: 32GB · 허브 코어: 20GB · 허브 실행: 실행자에 할당할 수 있는 12GB의 사용 가능한 메모리 - 디스크: 500GB

Standard Plan	- CPU: 총 20개 vCore 이상 · 허브 코어: vCore 10개 · 허브 실행: vCore 8개(라이선스에 포함) - 메모리: 64GB 이상 · 허브 코어: 20GB · 허브 실행: 실행자에 할당할 수 있는 44GB 이상의 사용 가능한 메모리 - 디스크: 500GB 이상	- CPU: 총 16개의 vCore · 허브 코어: vCore 7개 · 허브 실행: vCore 8개(라이선스에 포함) - 메모리: 36GB · 허브 코어: 20GB · 허브 실행: 실행자에 할당할 수 있는 16GB의 사용 가능한 메모리 - 디스크: 500GB

▪ 멀티 노드 설치

1) nodeAffinity와 nodeSelection이 없는 고가용성 멀티 노드 설치

- 노드 수: 3개 이상(허브 코어 서비스와 실행 서비스 간 공유)
- 클러스터에는 최소한 다음을 포함하는 노드가 3개 이상 필요합니다.
  · vCore 16개
  · 인스턴스당 32GB RAM
- 디스크: 루트 볼륨의 경우 인스턴스당 100GB 이상
- 추가 연결된 디스크: 노드 간 데이터 복제를 처리하려면 다중 노드 설치에 1개 이상의 추가, 연결, 포맷되지 않은 디스크가 필요합니다.

2) nodeAffinity와 nodeSelection을 통한 고가용성 멀티 노드 설치

- 노드 수: 3개 이상(허브 코어 서비스에만 할당됨)
- 허브 코어 워크로드의 경우 클러스터에는 최소한 다음을 포함하는 노드가 3개 이상 필요합니다.
  · vCore 12개
  · 인스턴스당 32GB RAM
- 실행 워크로드의 경우: 실행에 필요한 성능에 따라 클러스터에 추가적인 노드가 필요합니다.
- 디스크: 루트 볼륨의 경우 인스턴스당 100GB 이상
- 추가 연결된 디스크: 노드 간 데이터 복제를 처리하려면 다중 노드 설치에 1개 이상의 추가, 연결, 포맷되지 않은 디스크가 필요합니다.

- Kubectl: 기존 클러스터에 설치하거나 클러스터를 원격으로 관리하는 경우에만 필요합니다. kURL을 사용하여 임베디드 클러스터를 설치하면 kubectl 호스트 시스템에 자동으로 설치됩니다.

- Helm: KNIME Business Hub를 제거하는 경우에만 필요합니다.

3.3 기능

기능	설명	Basic	Standard	Enterprise
Collaboration (협업)	공개적으로 공유된 구성 요소, 작업 흐름, 확장 프로그램 사용	O	O	O
	개인 공간에 워크플로우 저장	O	O	O
	워크플로우 및 구성 요소에 대한 공유 및 협업	O	O	O
	버전 관리	O	O	O
	팀 공동작업	1팀	최대 3팀	무제한
	컬렉션 만들기			O
	라이선스가 없는 사용자에 대한 읽기 권한			O
Automation (자동화)	워크플로우 실행	O	O	O
	워크플로우 실행 자동화	O	O	O
	워크플로우 실행 확장	O	O	O
	실행 자원 관리	O	O	O
	REST API를 통해 KNIME Business Hub에 접근	O	O	O
Deployment (배포)	최종 사용자에게 데이터 앱 배포	다른 사용자에게만	O	O
	최종 사용자에게 REST API 배포	다른 사용자에게만	O	O
	REST API 및 데이터 앱에 무제한 액세스	다른 사용자에게만	O	O
Management (관리)	사용자 자격 증명 관리	O	O	O
	기업 인증 제공업체(LDAP, OAuth/OIDC, SAML 등)와 통합	O	O	O
	활동 모니터링(실행 중 및 예약된 작업)	O	O	O
	중앙 또는 팀 내에서 서비스 관리	O	O	O
	데이터 계보 요약에 액세스	O	O	O
	업그레이드 관리 및 백업	O	O	O

	다양한 KNIME Business Hub 설치 지원			O
	고객 프로비저닝 Kubernetes 클러스터설치			O
	KNIME Edge 추론 서비스 배포		O	O
	보안 비밀을 안전하게 생성, 저장 및 사용		O	O
	Business Hub를 통해 AI 지원 관리			O
	허브 업데이트를 테스트하기 위한 추가 환경		연간 €7500	O
	포함된 vCores	4	8	16
	포함된 사용자	5	5	20
High Availability (고가용성)	High Availability 설치			O
K8s	기존 Kubernetes 클러스터에 설치 지원			O

※ 본 문서의 내용은 제품의 정책 및 방향성에 따라 변경될 수 있으며, 시스템 구축 전 반드시 최신 정보를 확인하시기 바랍니다.

4. KNIME Business Hub 권한 체계

글로벌(전역)관리자: 팀을 생성하고 사용자에게 팀 관리자 역할과 해당 팀에 리소스를 할당합니다. 또한 하나의 팀 범위 사용자 정의 프로필을 선택하고 이를 KNIME Business Hub 인스턴스 내의 모든 팀 범위 실행 컨텍스트에 적용할 수 있으며 적용된 모든 사용자 정의 프로필(팀 또는 전역 범위 사용자 정의 프로필)을 분리 및 삭제할 수 있습니다 .

■ **팀 내**

- 팀 관리자: 팀 관리자는 글로벌 허브 관리자가 지정합니다. 팀에 할당된 리소스를 제어하고, 사용자를 추가하고, 실행 컨텍스트를 생성/수정/삭제하고, 팀 배포에 대한 개요를 볼 수 있습니다. 이러한 방식으로 허브 관리 작업은 자신의 팀 필수 사항에 대한 더 나은 개요를 가진 사용자에게 배포되고 재할당됩니다. 구성원을 추가 혹은 제거하고 권한을 변경할 수 있을 뿐만 아니라 워크플로우를 추가, 탐색 및 다운로드할 수 있습니다.
- 기여자: 워크플로우를 추가, 찾아보기, 다운로드할 수 있습니다.

- 구성원: 구성원 목록 및 스페이스가 포함된 팀 페이지를 볼 수 있습니다. 공용 및 개인 공간을 생성, 수정 및 삭제할 수 있으며 해당 공간에서 항목을 업로드/다운로드할 수 있습니다. 또한 공개 및 비공개 공간에서 항목의 삭제가 가능합니다. 팀 구성원 관리 섹션의 지침에 따라 팀 구성원 중 누구라도 관리자로 승격할 수 있습니다.
- 읽기 전용 구성원: 워크플로우를 탐색하고 다운로드할 수만 있습니다.
- 소비자: 소비자는 전용 비즈니스 포털을 통해 배포된 데이터 앱에 액세스할 수 있습니다. 소비자는 기본적으로 어떤 워크플로우나 공간에도 액세스할 수 없습니다.

5. 데이터 소스 지원

다양한 데이터 소스를 지원하며 국내 RDBMS도 지원합니다. (국내 RDBMS(Tibero, Cubrid, Altibase) 사용 가능)

- Database
  · Amazon Redshift
  · AWS DynamoDB
  · IBM DB2 / Informix
  · SAP HANA
  · Google BigQuery
  · H2
  · MS Access database
  · MS SQL Server
  · MongoDB
  · MySQL
  · Neo4J
  · Oracle

· PostgreSQL

· SQLite

· Snowflake

· Spark SQL(Spark Support Version – 2.2, 2.3, 2.4, 3.0, 3.1, 3.2, 3.3, 3.4)

· Vertica

· Teradata Aster

– File Format

· ARFE

· CSV

· Excel

· Word

· File

· Line

· Table

· PMML

· Fixed Width File

· Model

· ORC

· Parquet

· HTML(Table to HTML)

· PDF

· XML

· JSON

· Image(JPEG, PNG, SVG⋯ etc)

· Archive(zip, tar⋯ etc)

– Object Stores

· Amazon S3

· Azure Blob Storage

· Azure Data Lake Storage Gen2

· Databricks File System

· Google Cloud Storage

· Google Drive

· Google Sheets

· MS SharePoint Online

· SMB

· HTTP(S)

· SSH

· FTP

− BigData

· HDFS

· Hive

· Impala

· Kafka

· Spark

− Applications

· MS Power BI

· Tableau

− API

· Google API

· Twitter(X) API

마치며

이 책은 데이터 분석을 처음 시작하는 분들부터 현업에서 KNIME을 활용하는 분들까지, 실무에 도움이 되도록 구성했습니다. 전처리부터 분석, 머신러닝, 협업 환경까지 KNIME 으로 어떻게 해결할 수 있는지를 함께 살펴보셨을 겁니다.

이 책이 데이터 과학을 학습하는 과정에서 독자 여러분께 KNIME 활용법의 든든한 길잡이가 되기를 바랍니다. 본 도서는 잘레시아 DX팀의 노력과 협력으로 완성되었으며, 각 강의별 담당자와 부담당자 여러분께 깊이 감사드립니다.

집필 참여자

강의	지은이(정)	지은이(부)
1강	김도희	박준용, 최민영, 최재환
2강	김도희	박준용, 최민영, 최재환
3강	김도희	최민영, 최재환
4강	주충재	김도희, 김희현
5강	김건주	김도희